KB126656

세稅플레이션 살아남기

한 권으로 끝내는 부동산 절세 수업

일러두기

세법 적용 결과에 대하여 당사가 책임지지 않습니다. 따라서 실제 적용에 있어서는 저자 또는 전문가와 상의하여 검토 및 의사결정하시기를 권고합니다.

이 책에 사용된 기호는 아래와 같은 의미를 가집니다.

▲ : 주택 취득

▽ : 주택 양도

■ : 조합원입주권 또는 분양권 취득

□ : 조합원입주권 또는 분양권 양도

‖ : 어떤 상황의 기준일자(예: 결혼일, 관리처분계획인가일 등)

A주택 : 순수한 주택 또는 재개발·재건축 전 구 주택

a조합원입주권 : 관리처분계획인가에 따라 A주택이 조합원입주권으로 변한 것

a분양권 : 순수한 주택 분양권

A⁺주택 : 재개발·재건축으로 새로 취득한 주택(A주택 → a조합원입주권 → A⁺주택)

세稅플레이션
살아남기

한 권으로 끝내는 ⠀⠀⠀⠀ 부동산 절세 수업

문권주·이상우 공저

체인지업
CHANGEUP

    국세청에 몸을 담아 소위 '세금밥'을 먹은 기간이 29년이 넘었다. 청년은 장년이 되었고 검은 머리는 점차 흰 머리로 변해갔다.

    순천세무서 재산세과에 처음 발령받은 1993년 3월에는 고급주택 기준이 '일정 면적을 초과하거나 양도가액 기준시가가 5억 원 이상'이었지만 2022년 현재는 용어가 고가주택으로 바뀌고 기준금액은 양도 실지거래가액 12억 원 이상으로 상향되었다. 1세대 1주택 비과세 규정도 3년 이상 보유만 하면 되던 것이 이제 2년 이상 보유하고 조정대상지역 내의 주택이라면 2년 이상 거주해야 하는 것으로 바뀌었다.

    이처럼 시간의 흐름에 따라 세법은 천천히 혹은 급하게 꾸준히 개정되었고, 재산세가 국세인지 지방세인지조차 몰라 당황해하던 초보 세무 공무원도 이제는 재산 분야 업무만 13년 이상을 종사하여 주변에서 '양도 박사'라는 말까지 듣게 되었다.

    만일 29년 전 필자에게 양도세를 물어봤다면 제대로 된 답을 하지 못했거나, 심지어 틀리게 대답했을 수도 있을 것이다. 하지만 지금 필자에게 양도세에 관해 물어보면, 궁금해하는 부분의 정답뿐만 아니라 해당 물건의 양도가 질문자에게 미치는 영향과 절세 방안까지도 상황에 맞춰 자세하게 상담해 줄 수 있을 것 같다.

초보 시절을 겪어 봤기에 양도세 초심자가 어려워하거나 궁금해하는 부분이 무엇인지 상당 부분 알 수 있고, 오랜 기간 치열하게 직접 부딪히며 실무를 배워 왔기에 당장 실무에서 이슈가 되고 납세자가 모르면 곤란해지는 사항들도 많이 알게 됐다.

'필자와 친한 어떤 사람이 주택 관련 세금 문제에 대하여 이렇게 물어본다면 난 어떻게 대답해 줄까?' 하는 물음과 이에 대한 대답을 줄곧 생각하며 이 책을 집필하였다.

양도세 비전문가인 사람에게 보다 쉽고 간략하며 정확하게 설명하려는 마음으로 '양도란 무엇일까?'부터 '해외부동산 관련 과태료'에 이르기까지 시종여일(始終如一)하게 저술하려 노력하였다.

하지만, 독자들이 이 책을 읽다 보면 분명 아쉽거나 부족한 부분이 있을 수 있을 것이다. 아직은 원숙하지 못한 필자의 능력을 독자들께서 넓은 아량으로 이해해주시길 부탁드린다.

좋은 책을 만들기 위해 많은 노력을 기울여주신 체인지업북스 김형준 대표님과 관계자분들에게 감사의 말씀을 드린다. 더불어, 혼자 빨리 가는 방법이 아니라 함께 멀리 가는 방법을 알려주신 존경하는 공저자 이상우 세무사님에게도 특별한 감사의 말씀을 드리고 싶다.

마지막으로, 함께 근무하였던 소중한 인연들과 사랑의 우열을 가릴 수 없는 우리 가족, 특히 사랑하는 아내 준희 씨와 다정한 두 딸 다은이와 정은이의 응원들 덕에 이 책을 완성할 수 있었음에 깊이 감사한다.

2022. 11.

문 권 주

작년 칼 세이건 교수의 《코스모스》, 리처드 도킨스 교수의 《이기적 유전자》 등을 읽으며 놀랍다고 생각했다. 어떻게 이런 어려운 내용으로 이런 재미있는 책을 쓸 수 있을까…. 그리고 올해 예기치 않게 필자에게도 책을 쓸 기회가 찾아왔다.

문권주 사무관과 책을 쓰자고 의기투합한 지 1년이 되어간다. 처음에는 책이 출간되리라는 기대보다 '내가 책을 쓴다고?'라는 의문이 더 컸던 것 같다. 하지만 시간이 흐르면서 책이 서서히 형체를 갖추기 시작했다. 도중에 포기하고 싶었던 때도 있지만 문 사무관과 서로 의지하며 어느덧 여기까지 오게 되었다.

양도세는 어렵다. 게다가 복잡하다. 부동산 경기의 부침에 따라 정부는 숱한 대책들을 쏟아낸다. 가장 최근에 나온 8·16대책은 대책 축에 끼지도 못한다. 8·2대책, 9·13대책, 12·16대책 정도는 되어야 '한번 들어 본 것 같다'라는 느낌을 준다. 이런 대책들이 일정한 방향성이나 논리를 갖지 않고 그때그때 시장 상황이나 정부 정책에 따라 만들어지다 보니, 세법 규정은 켜켜이 쌓여가고 한없이 복잡해진다.

예를 들어서, 1세대 1주택 비과세는 거의 모두가 알고 있다. '2년 보유, 2년 거주 요건' 역시 대부분 알고 있다. 하지만 주택 취득시점 또는 주택의 소재지에 따라 보유요건, 거주요건에 차이가 있다는 사실은 모르는

이가 많다. 2주택자, 심지어는 3주택자도 1세대 1주택 비과세를 적용받을 수 있지만, 적절한 순서로 주택을 양도하지 않으면 비과세를 적용받지 못하게 된다. 여기에 소위 '최종 1주택 규정'까지 접하게 되면 '그냥 세금을 내고 말지'라는 생각이 들 수도 있다.

하지만 절세의 기회를 포기하면 안 된다. 필자는 주택 양도 후 1세대 1주택 문제 때문에 세금 148억을 추가로 부과 받은 사건을 대리한 경험이 있다. 148억은 그냥 내기에는 상당히 큰 금액이다.

이 책이 양도세로 인한 모든 고민을 해결해 줄 수는 없다. 하지만 가능한 한 많은 분들께 도움이 되기를 바라는 마음으로 책상 앞에 앉았고 이 책을 썼다. 이 책을 통해 납세자는 내지 않아도 될 세금을 내지 않고, 세무대리인은 정확한 안내를 하고, 국세청 직원은 법에 정해진 세금을 부과할 수 있기를 바란다.

이 책에서 중점을 둔 부분은 다음과 같다. 첫째, 좀 더 쉽게 양도세를 이해할 수 있도록 가능한 한 쉬운 용어를 선택했다. 둘째, 독자들의 이해를 돕는 생생한 사례를 많이 실었다. 셋째, 다양한 독자층을 만족시키기 위해 쉬운 내용뿐만 아니라 다소 깊이 있는 내용도 다루었다. 넷째, 양도세 관련 내용이 주를 이루지만 종부세도 상세히 소개하려고 노력했다.

종부세 부분에는 여러 사례와 함께 Q&A를 수록하였다.

　재미있는 양도세 책을 쓰고 싶었다. 하지만 그건 필자로서는 불가능하다는 사실을 깨닫는 데 그리 오랜 시간이 걸리지 않았다. 대신 독자들이 쉽게 읽을 책을 쓰기 위해 힘닿는 데까지 노력했다. 그러나 책을 읽다 보면 이해하기 까다로운 내용이 적잖이 나온다. 이는 보다 나은 표현을 찾아내지 못한 필자의 책임이다.

　이 책을 쓰는 데 도움을 주신 모든 분들에게, 특히 좋은 책을 만들기 위해 애쓰신 체인지업북스 분들께 감사의 말씀을 올린다. 공저자 문권주 사무관은 필자의 가장 친한 친구이고 가장 신뢰하는 동료이다. 그의 풍부한 경험과 지식이 없었다면 이 책은 세상에 나오지 못했을 것이다.

　내년이면 구순이신데 늘 필자의 울타리이신 아버지, 사랑하는 승숙 씨와 지안이 덕에 책을 마무리할 수 있었다. 가족을 위해 살다 떠나신 어머니께서 아들의 책을 보셨으면 무척 기뻐하셨을 것이다. 그리운 어머니께 이 책을 바친다.

2022. 늦가을

이 상 우

Chapter 1 **양도소득세 기본**

Chapter 2　주택에 대한 비과세 - 1세대 1주택

Chapter 3　주택에 대한 비과세 - 1세대 2주택

Chapter 1

양도소득세
기본

우리나라에는 국세 14가지, 지방세 11가지로 세금 종류가 25가지나 된다. 그런데 이 많은 세금 중 일반인들이 가장 많이 들어본 세금은 무엇일까? 부가세? 소득세? 법인세? 술 좋아하는 분은 주세(酒稅)라고 말할 수도 있겠지만, 아마도 일상에서 가장 많이 이야기되고, 언론에서 가장 많이 다루어지는 세금은 양도세일 것이다. 특히 부동산 가격이 폭등할 때는 더더욱 그렇다.

한 지인이 "양도세법을 아무리 찾아봐도 없다."고 이야기한 적이 있다. 당연하다 우리나라에 '양도소득세법'은 없기 때문이다. 양도세 규정은 소득세법에, 그것도 무려 88조에 가서야 처음 나온다. 이렇듯 양도세는 소득세의 한 종류로 소득세와 기본세율도 같고 계산 방법도 비슷해서 양도소득세라고 불린다. 그럼 양도세의 기본이 되는 양도의 정의부터 하나씩 알아보자.

양도란
무엇일까?

양도란 '재산이나 물건을 남에게 넘겨주는 것'을 말한다. 세법상 양도의 의미도 이와 유사한데, 다만 여기에 '어떠한 대가를 받고 유상으로 넘긴다'는 것이 추가된다. 즉, 뭔가 대가를 받고 「소득세법」에 열거된 자산'을 넘기는 것이 세법에서 말하는 양도이다. 그리고 양도세는 양도 과정에서 이익이 생긴 경우에만 부과된다.

세법상 양도란?

양도세가 과세되는 자산의 양도란 '자산에 대한 등기 또는 등록과 관계 없이 매도·교환·법인에 대한 현물출자 등을 통하여 그 자산을 유상으로 이전하는 것'을 말한다. 다만, 위에서 열거한 매도·교환·법인에 대한 현물출자 등은 자산이 유상으로 이전되는 경우에 대한 예시에 불과하므로, 열거되지 않은 경우에도 자산이 유상으로 이전되는 경우는 모두 양도에 해당한다. 반면 대가를 받지 않고 무상으로 자산을 이전하는 것은 상속 또는 증여에 해당된다.

양도로 보는 경우

양도란 '대가를 받고' 자산을 넘겨주는 것을 말하므로 현금으로 대가를 받는 것뿐만 아니라 조합원의 지위를 취득하거나, 채무를 면제받는 등 보상을 받은 경우도 모두 양도에 해당한다. 예를 들어 매도, 교환, 법인에 대한 현물출자 외에 공동사업의 현물출자, 채무 면제, 부담부증여 등도 양도에 해당한다.

---

① 금전을 받고 나의 자산을 넘겨주는 것(매매)

② 부동산 등 다른 자산을 받고 나의 자산을 넘겨주는 것(교환)

③ 법인의 주식을 받고 자산을 법인에게 넘겨주는 것(법인에 대한 현물출자)

④ 조합원의 지위를 받고 자산을 조합에게 넘겨주는 것(공동사업의 현물출자)

⑤ 경매·공매 등을 통해 채무가 면제되고 나의 자산을 넘겨주는 것(채무 면제)

⑥ 증여를 받는 자(수증자)에게 내가 부담할 채무를 넘겨주고 나의 자산을
   넘겨주는 것(부담부증여)

---

1) 보증으로 집이 매각된 경우

甲씨는 본인 소유 토지를 담보로 은행에서 대출을 받아 지인 乙씨에게 사업자금으로 제공해 주었다. 그런데 乙씨의 사업 부도로 은행이 대출 원리금을 상환받지 못하자 은행이 임의경매를 신청하여 甲씨의 토지가 매각되었고, 매각대금은 전액 은행에 배당되었다. 이 경우 甲씨는 토지를 양도한 것일까?

위와 같은 사례는 실무에서 적잖이 나타난다. 이 경우 대부분 토지 소유자는 토지 매각에 전혀 관여하지 못하고, 매각대금도 받지 못한다. 대가도 받지 못하고, 자신이 억울하게 토지를 빼앗겼다고 생각하므로 본인이 토지를 양도했다는 생각 역시 하지 못한다. 하지만 결과적으로 甲씨는 토지를 매각해서 은행에 대출 원리금을 갚은 것이므로 甲씨는 토지를 양도한 것이고 양도세를 신고·납부해야 한다.

2) 부담부증여

부담부증여는 증여를 받는 자(수증자)에게 나의 자산을 넘겨주면서 동시에 내가 부담할 채무를 함께 넘겨주는 것이다. 부담부증여의 가장 흔한 사례는 전세세입자가 있는 부동산을 증여하는 것이다. 부모가 전세금 7억 원의 세입자가 입주해 있는 10억 원짜리 아파트를 자녀에게 증여한다고 가정해 보자. 자녀가 증여받는 아파트의 가치는 10억 원이지만 전세금 7억 원은 결국 자녀가 세입자에게 지급해야 하므로 실제 증여받은 아파트의 가치는 3억 원에 불과하다. 따라서 자녀는 부모에게 3억 원을 증여받은 것으로 보아 3억 원에 대한 증여세를 신고·납부해야 한다. 그리고 나머지 7억 원은 부담부증여에 해당하고 부모가 7억 원만큼의 아파트를 자녀에게 양도한 것으로 보기 때문에, 부모가 7억 원에 대해 양도세를 신고·납부해야 한다.[1]

양도로 보지 않는 경우

양도의 요건(자산의 유상 이전)을 충족하지 않거나 조세 정책적 목적으로 세법상 양도로 보지 않는 경우가 있다. 이에 따라 환지처분, 공유물의 분할, 명의신탁 해지, 양도담보자산, 매매원인무효, 재산분할청구권 행사, 증여로 추정하는 경우 등은 세법상 양도로 보지 않는다.

① 도시개발법으로 지목이나 지번이 바뀌는 것(환지처분)

---

[1] 결과적으로 7억 원 상당의 집은 부모가 자녀에게 미리 판 것으로 보고, 3억 원 상당의 집만 증여한 것으로 보는 것이다.

② 「도시 및 주거환경정비법」 등으로 새집으로 바뀌는 것(일종의 환지)

③ 공동소유 토지를 소유자별로 단순 분할 등기하는 것(공유물의 분할)[2]

④ 명의신탁 해지를 원인으로 소유권을 돌려 받는 것(명의신탁 해지)

⑤ 담보를 목적으로 소유권을 이전하는 것(양도담보자산)[3]

⑥ 매매원인무효로 자산의 소유권이 환원되는 것(매매원인무효)

⑦ 본인 소유자산을 경매·공매 등으로 인하여 자기가 다시 취득하는 경우 (본인 취득)

⑧ 이혼으로 인하여 결혼 중에 형성된 부부공동재산을 재산분할청구권 행사에 따라 소유권을 이전하는 경우(재산분할청구권 행사)

⑨ 배우자 또는 직계존비속간 매매로 양도하였으나 증여로 추정되는 경우 (증여세 과세)[4]

⑩ 특수관계자에게서 양수한 자산을 3년 이내 양도자의 배우자 등에게 양도한 경우(특수관계자가 개입되어 양도한 자산의 증여추정)[5]

---

2 단, 연접하지 않은 2필지 이상의 공유 토지를 단독소유 목적으로 서로의 지분을 정리하는 것은 각 필지별 자기 지분 감소분과 다른 필지의 자기 지분 증가분이 교환되는 자산의 양도에 해당한다.

3 단, 양도담보계약을 체결한 후 그 계약을 위배하거나 채무불이행으로 인하여 해당 자산을 변제에 충당한 때에는 이를 양도로 본다.

4 배우자 또는 직계존비속에게 양도한 재산을 증여한 것으로 추정하는 경우에는 양도소득세가 과세되지 않고 증여세가 과세된다.

5 특수관계에 있는 자에게 양도한 재산을 그 특수관계에 있는 자가 재산 취득일부터 3년 이내에 당초 양도자의 배우자 또는 직계존비속에게 다시 양도한 경우로서 양도자들이 부담한 양도소득세보다 수증자가 부담한 증여세가 큰 경우 증여로 추정되어 증여세가 과세된다

1) 매매계약 해지

甲씨는 乙씨에게 부동산을 매도하고 소유권이전등기와 양도세 신고까지 완료하였다. 그런데 부동산에 예상치 못했던 하자가 발생하여 乙씨는 甲씨에게 민사소송을 제기했고 결국 매매계약을 합의해제하기로 했다. 이후 반환대금 정산 후 소유권은 다시 甲씨에게 넘어왔다. 甲씨는 매매계약이 해지되었다는 이유로 이미 납부한 양도세를 돌려받을 수 있을까? 이 경우는 '매매원인무효'에 해당하고 애초에 양도가 없었던 것이 되어 甲씨는 이미 신고·납부했던 양도세를 돌려받을 수 있다.

2) 재산분할청구권 행사

부부가 결혼 중에 공동의 노력으로 취득한 재산에 대하여 이혼하는 당사자 일방이 재산의 분할을 요구하는 것이 재산분할청구권이다. 재산분할청구권 행사는 대가를 받고 소유권을 이전하는 것이 아니라, 당초 명의만 달리하여 취득한 자산을 본래의 소유자에게 되돌리는 과정이다. 쉽게 말해 "남편이나 처 명의로 자산을 구입했지만 실제로는 내 것이므로 이혼하는 마당에 이를 바로 잡자."라는 것이 재산분할청구권이다. 따라서, 재산분할청구권 행사는 양도로 보지 않는다.

사례를 통해 살펴보자. 부부인 甲씨와 乙씨는 주택 2채를 모두 甲씨 명의로 보유하다가 협의이혼을 했다. 그 과정에서 주택 1채를 乙씨에게 분할하기로 약정하고 소유권 등기를 마쳤다. 이 경우 甲씨가 乙씨에게 주택을 이전한 것은 양도에 해당할까?

재산분할은 자기 자신의 몫을 되찾아가는 것이므로, 재산분할을 위해 부동산을 다른 사람에게 이전한 경우에는 자산의 양도로 보지 않는다. 따라서 이 경우에는 양도세를 내지 않아도 된다.

이혼 시 재산분할청구권 행사를 위해 타인에게 자산을 양도한 경우

이혼 과정에서 재산분할청구권 행사를 위해 제3자에게 자산을 양도한 후 양도대금을 받아 배우자에게 주었다. 이 경우 재산분할청구권 행사를 위해 제3자에게 자산을 양도한 것이므로 자산의 양도에 해당하지 않는 것일까? 하지만 재산분할청구권 행사가 목적이더라도 타인에게 대가를 받고 자산을 넘긴다면 '자산의 유상 이전'이 되어 양도에 해당한다. 따라서, 양도대금을 이혼 상대방에게 주었는지 여부와 관계없이 이 경우는 양도에 해당한다.

예를 들어 부부인 甲씨와 乙씨는 주택 2채를 모두 甲씨 명의로 보유하다가 협의이혼을 했다. 법원의 조정결정(甲씨가 乙씨에게 현금 20억 원을 지급한다)에 따라 乙씨에게 줄 현금을 마련하기 위해 甲씨가 주택 1채를 丙씨에게 20억 원에 매도한 후 양도대금 전액을 乙씨에게 지급하였다. 甲씨가 주택을 매도한 것은 양도에 해당할까?

甲씨는 주택을 제3자인 丙씨에게 대가를 받고 양도했으므로 당연히 양도세를 내야한다.

3] 이혼 위자료 지급

이혼 위자료는 부부 일방의 잘못으로 이혼하게 된 사람의 정신적 고통을 위로하는 것을 목적으로 지급하는 일종의 손해배상 행위에 해당한다. "힘들게 해서 미안해요, 대신 위자료를 드릴 테니 좀 봐주세요…"라는 것이 이혼 위자료의 성격이다. 이처럼 위자료는 재산분할청구권 행사와 같이 자산을 본래 소유자에게 돌리는 것이 아니므로, 이혼 위자료로

부동산을 넘기는 것은 자산의 양도에 해당한다. 그렇다면, 양도를 통해 얻는 대가는 무엇일까? 어쩌면 상대방에 대한 미안함이 조금이라도 줄어드는 것이 대가일지도 모르겠다.

사례를 통해 살펴보자. 부부인 甲씨와 乙씨는 주택 2채를 모두 甲씨 명의로 보유하고 있었다. 이후 甲씨의 외도 때문에 乙씨가 가정법원에 이혼소송을 제기했고, 법원의 조정결정(甲씨는 乙씨에게 甲씨 명의 주택 1채를 위자료로 지급한다)에 따라 이혼을 했다. 이 경우 甲씨가 乙씨에게 넘긴 주택 1채는 양도에 해당할까?

甲씨의 결혼 파탄에 대한 乙씨의 손해를 배상하는 목적으로 자산을 유상 이전한 것이 되어 대가성이 있다고 보므로 양도세를 내야 한다.

어떤 자산을 팔 때 양도소득세가 과세될까?

양도세는 '「소득세법」에서 열거된' 자산을 양도할 때 과세하므로 「소득세법」에서 열거되지 않은 자산에서는 아무리 큰 양도차익이 발생해도 양도세를 과세하지 않는다. 세법에서는 토지, 건물, 부동산에 관한 권리(분양권 등), 주식, 시설물 이용권(골프회원권 등), 개발제한구역 내에 건물을 지을 수 있는 권리인 이축권, 파생상품, 신탁수익권 등을 양도세 과세대상으로 열거하고 있다.

만일 최근 몇 년 동안 열풍이 불었던 가상자산(비트코인, NFT 등)을 2022년에 양도한다면 양도세를 내야 할까? 앞에서 보았듯이 가상자산은 세법에 양도세 과세대상으로 열거되어 있지 않다. 따라서, 2022년에 가상자산 거래에서 아무리 큰 차익이 발생해도 양도세를 낼 필요가 없다.[1]

또한 경품으로 당첨된 슈퍼카 람보르○○를 10억 원에 양도하였다면

---

1 다만, 국세청에서는 2025년 이후 가상자산을 양도하여 이익이 발생한 경우에는 기타소득으로 보아 소득세를 과세하도록 세법을 개정하였다. 따라서 「소득세법」에 과세대상으로 열거되기 전에 양도차익을 실현하는 것도 훌륭한 세테크 수단이 될 수 있다.

양도세를 낼까?

'자동차 양도차익'은 「소득세법」에 양도세 과세대상으로 열거되어 있지 않으므로 양도세는 내지 않아도 된다. 다만, '당첨'은 「소득세법」에서 기타소득세 과세대상으로 열거되어 있기 때문에 기타소득에 대한 소득세를 내야 한다.

이처럼 양도세나 소득세는 세법에서 과세대상으로 열거하지 않은 이상 세금을 납부할 필요가 없다.

간단 사례를 통해
양도소득세 계산 구조 알아보기

단순한 예를 통해 양도소득세가 어떻게 계산되는지 구체적으로 알아보자. 과세표준에 세율을 곱하면 양도세를 구할 수 있다. 의외로 간단하다. 문제는 과세표준을 구하는 게 어렵다는 것이다.

토지를 1990년에 1억 원에 취득하여 2022년에 11억 원에 양도하였다면 양도세는 얼마가 나올까?

① 1단계 : 양도차익 = 양도가액 – 필요경비(취득가액 + 양도비 등)

자산을 판 가격에서 자산을 산 가격을 빼고, 추가로 자산을 파는 과정에서 발생한 비용을 차감하면 양도차익을 구할 수 있다. 즉, 양도가액에서 필요경비(취득가액+양도비 등)를 차감하면 양도차익이 나오며, 위 사례의 경우 판 가격 11억 원에서 산 가격 1억 원을 빼면 10억 원의 양도차익이 나온다.

② 2단계 : 과세표준 = 양도차익 - 장특공제 - 기본공제

양도차익에서 장기보유특별공제(이하 장특공제)를 빼고, 양도소득기본공제를 차감하면 과세표준이 나온다. 그런데 위 계산식에서 눈여겨볼 점은 1990년도의 1억 원과 2022년도의 1억 원을 같이 취급한다는 것이다. 하지만 물가는 시간이 지나면서 상승하고 화폐가치는 하락하는 것이 일반적이고, 이런 문제점을 보완해 주는 장치가 장특공제이다. 즉, 자산을 보유하는 과정에서 (명목) 가격이 올라도 그중 일부는 물가 상승분을 반영한 것이므로 (실질) 가치상승분에 대해서만 과세하기 위해 그 차이를 장특공제로 조정하는 것이다.

뒤에서 자세히 살펴보겠지만, 부동산 또는 일정 요건을 갖춘 조합원입주권을 3년 이상 보유한 경우에는 장특공제(공제율 6~80%)가 적용된다. 사례의 경우 양도차익 10억 원에서 장특공제(30%) 3억 원을 빼주고 여기에 1년에 자산별로 한 번만 공제해 주는 양도소득기본공제 250만 원을 차감하면 과세표준은 6억9천750만 원이 된다.

③ 3단계 : 납부할 세액 = 과세표준 × 세율 - 공제·감면세액 + 가산세

과세표준에 세율을 곱해서 나오는 금액이 산출세액이다. 사례의 경우 6억9천750만 원의 과세표준에는 누진세율 42%가 적용되고 누진공제액 3천540만 원을 공제하면 산출세액 2억5천755만 원이 계산된다.

여기에 A토지가 정책적 목적(공공용지로 수용되는 등)으로 양도세 감면요건을 충족한 경우 감면세액을 산출세액에서 차감한다. 다만, A토지 양도 후 세금 신고나 납부를 제대로 이행하지 않으면 가산세를 산출세액에 가산한다.

양도소득세 계산 1단계 : 양도차익 구하기

앞에서 양도세액을 구하는 3단계에 대해서 간략히 알아보았다. 이제 각 항목들에 대해 좀 더 자세히 알아보자.

양도가액

양도자가 자산을 양도하면서 거래상대방으로부터 대가로 실제 받은 금액(이하 실지거래가액)이 양도가액이다. 말 그대로 실제 판 가격이 양도가액이다. 참고로 2006. 12. 31.까지는 기준시가를 양도가액으로 보았으나 2007. 1. 1. 이후부터는 실지거래가액을 양도가액으로 보고 있다.

필요경비(취득가액＋자본적 지출액＋양도비)

「소득세법」은 수입금액에서 필요경비를 차감하여 소득금액을 구한다. 예를 들어, 자동차 판매 사업을 하는 甲씨가 2022년 한 해 동안 40억 원에 구입한 자동차를 50억 원에 판매하고 영업사원 월급 등으로 5억 원이 들었다고 한다면, 판매로 얻은 금액 50억 원은 수입금액이 되고, 수입금액을 얻기 위해 들어간 비용인 자동차 구입금액 40억 원과 영업사원 월급 등 5억 원을 필요경비라고 하며, 그 차이인 5억 원이 사업소득금액이 된다.

양도세는 별도의 세법(양도소득세법)으로 규정되어 있지 않고 「소득세법」에 속해 있어, 양도소득금액을 구하는 구조는 기본적으로 「소득세법」과 일치한다. 위 사례를 양도세에 맞게 바꿔보자.

甲씨가 2022년도에 40억 원에 구입한 주택을 50억 원에 판매하였고 중개비 등으로 5억 원이 들었다면 양도가액은 50억 원이 되고, 필요경비는 취득가액 40억 원과 양도비 5억 원의 합인 45억 원이 되어 양도차익은 5억 원이 되는 것이다. 즉, 양도세에서 양도가액은 「소득세법」의 수입금액과 유사하고, 양도세의 취득가액과 자본적 지출액, 양도비는 「소득세법」상 필요경비에 해당한다. 따라서 양도차익은 양도가액에서 취득가액을 차감한 것이 아니라, 양도가액에서 필요경비를 차감한 것이다.

취득가액

취득가액은 처음 집을 살 때 대가로 지급한 금액(이하 실지거래가액), 즉 집을 산 가격을 말한다. 여기에 추가로 집을 사기 위해 지출된 중개수수료, 등기비용, 취득세, 자산의 취득과 관련하여 발생한 소송비용 등이 취득가액에 포함된다.

그런데 부동산을 오래전에 취득하여 계약서를 분실하는 등 실제 취득가액을 알 수 없는 경우가 있는데, 이때는 순차적으로 매매사례가액, 감정가액 또는 환산취득가액을 취득가액으로 사용할 수 있다.

다만, 양도자가 계약서를 분실하여 실지거래가액을 모른다 하더라도 과거에 나에게 집을 팔았던 사람이 실지거래가액으로 관할세무서에 양도세를 신고한 내역이 있을 가능성이 크다.[1] 따라서 과세관청은 실지거래가액을 알고 있다고 생각해야 하므로, 2007. 1. 1. 이후 취득한 자산의 경우에는 매매사례가액, 감정가액 또는 환산취득가액을 적용하는 것을 가급적 피하는 것이 좋다.

1) 취득가액을 모르는 경우 사용할 수 있는 방법

① 매매사례가액

취득일 전후 각 3개월 이내에 해당 자산과 유사한[2] 자산의 매매사례가 있는 경우 그 가액을 매매사례가액이라고 한다. 아파트는 국토교통부 실거래가 공개시스템을 통해 확인할 수 있고, 비상장 주식은 주식발행 법인이 법인세 신고 시 제출하는 '주식등변동상황명세표' 등에 의해서 확인되는 경우가 있으므로, 아파트나 비상장 주식의 취득가액을 모르는 경우 먼저 매매사례가액을 확인해야 한다. 신중한 검토 없이 환산취득가액을 적용하면 과세관청의 양도세 신고 검증과정에서 문제가 될 수 있으니 주의가 필요하다. 하지만 아파트와 비상장 주식을 제외한 토지, 단독주택, 상가 등 대부분의 자산은 매매사례가액이 거의 존재하지 않는다.

---

1 물론, 1세대 1주택 비과세의 경우는 신고 의무가 없으므로 신고를 하지 않았을 수도 있지만, 실무상 비과세의 경우에도 신고하는 경우가 오히려 많다.

2 다만 아파트의 경우 같은 동, 같은 평형이라도 층(예 : 1층 vs 20층)이 다르면 공시가격 차이가 5% 이상 발생할 수 있어 매매사례가액으로 인정되지 않을 수 있으므로 주의가 필요하다.

② 감정가액

자산 취득일 전후 각 3개월 이내에 해당 자산(주식 등을 제외한다)에 대하여 둘 이상의 감정평가법인 등이 평가한 감정가액이 있는 경우에는 그 감정가액의 평균액을 취득가액으로 본다. 다만, 기준시가가 10억 원 이하인 자산은 하나의 감정평가법인이 평가한 감정가액을 취득가액으로 본다. 그러나 취득 당시 실지거래가액조차 모르는데, 취득 당시 양도자산에 대해 감정평가법인의 감정을 받는 경우는 거의 없기 때문에 실무상 감정가액을 취득가액으로 적용하는 경우는 드물다.

③ 환산취득가액

장부나 그 밖의 증명서류에 의하여 해당 자산의 실지거래가액을 알 수 없는 경우에는 환산취득가액[3]을 취득가액으로 할 수 있다.

$$환산취득가액 = 양도 당시 실지거래가액 \times \frac{취득\ 당시\ 기준시가}{양도\ 당시\ 기준시가}$$

일반적으로 실제 건물 신축비용으로 양도세를 계산하는 것보다 환산가액을 적용하는 것이 양도차익이 적게 나오는데 이를 악용하는 사례가 자주 발생하자 국세청에서 이를 막기 위해 징벌적 규정을 도입하였다. 이에 따라 건물을 신축한 날부터 5년 이내에 해당 건물을 양도하면서 환산가액을 취득가액으로 하는 경우에는, 건물 환산가액의 100분의 5를 양도소득 세액에 더하고, 양도소득 산출세액이 없는 경우에도 가산세를

---

3 취득가액을 환산취득가액으로 할 경우 양도자산의 자본적 지출액과 양도비는 실제 지출비용에 관계없이 취득 당시 기준시가의 3%(이하 개산공제)로 계산한다.

적용하여 양도소득세를 부과한다.

④ 등기부 기재가액 실지거래가액 추정

양도세 신고의무자가 양도세 신고를 하지 않은 경우로서 '① 등기부 기재가액을 실가로 추정하여 계산한 양도세 납부세액이 300만 원 미만이거나 또는 ② 기한 후 신고를 하지 않은 것에 대해 등기부 기재가액으로 결정할 예정임을 통보하였으나, 신고를 하지 않은 경우'에 대해서는 등기부 기재가액을 실지거래가액으로 추정하여 양도세를 결정할 수 있다.

⑤ 상속이나 증여로 취득한 재산의 취득가액

상속 또는 증여받은 자산의 취득가액은 상속개시일 또는 증여일 현재 상증법 규정에 따라 평가한 가액(세무서장 등이 결정·경정한 가액이 있는 경우에는 그 결정·경정한 가액)을 취득 당시의 실지거래가액으로 본다. 따라서 상속·증여받은 재산에 대해서는 환산취득가액을 적용할 수 없다.

절세 TIP

부친의 사망으로 상속인 甲씨는 유일한 상속재산인 토지(시가 5억 원, 개별공시지가 2억 원)를 2020년에 상속받았다. 상속세 기본공제(5억 원)를 받으면 상속세가 없다는 주변 지인의 말을 듣고 甲씨는 상속세 신고를 하지 않았다. 甲씨가 2년 후인 2022년에 상속받은 토지를 5억 원에 양도한 경우 양도차익은 얼마일까?

상속이나 증여로 취득한 재산의 취득가액은 세무서장 등이 결정한 가액이다. 상속인이 상속세를 신고하지 않은 경우, 특별한 사정이 없는 한 과세관청은 기준시가(개별공시지가)로 상속재산을 평가하여 상속세를 결정(상속세 0원)한다. 따라서, 토지의 양도차익은 양도가액 5억 원에서 상속세 결정가액 2억 원(기준시가)을 차감한 3억 원이 된다.

만일 甲씨가 토지를 감정평가하여 시가인 5억 원으로 상속세를 신고했다면 과세관청은 5억 원으로 상속세를 결정(상속세 0원)하며, 이 경우 토지의 양도차익은 양도가액 5억 원에서 상속세 결정가액 5억 원(감정평가액)을 차감한 0원이 된다.

이처럼 상속세나 증여세는 추후 양도세까지 고려하여 신고해야 한다.

2) 취득가액에서 감가상각비 제외

사업소득을 계산하면서 건물에 감가상각을 한 경우, 건물의 감가상각액만큼 사업소득이 줄어들고 그만큼 소득세를 덜 내게 된다. 따라서 나중에 건물을 양도할 때 감가상각비를 빼주지 않으면 이중으로 세금 혜택을 보기 때문에 이를 방지하기 위해 양도소득 계산 시 취득가액에서 감가상각비를 빼고 계산한다.[4] 실제 취득가액을 알 수 없어 환산가액이나 기준시가를 적용하는 경우에도 공제받은 감가상각비는 취득가액에서 차감한다.

---

4 취득가액에서 감가상각비를 빼면 취득가액이 적어지고, 그만큼 양도소득이 커지므로 세금이 늘어난다.

양도비 등

1) 자본적 지출과 수익적 지출

양도가액에서 공제되는 자본적 지출액은 양도자산의 가치를 실질적으로 증가시키기 위하여 지출한 비용을 말한다. 본래 용도를 변경하기 위한 개조, 엘리베이터 또는 냉난방장치 설치, 피난시설 설치, 증축공사비, 새시 교체, 발코니 및 방 확장공사비, 난방시설(보일러) 교체비 등이 자본적 지출액에 해당한다.

반면에 도배 및 장판 비용, 싱크대나 붙박이장 등 각종 가구 설치비, 보일러 수리 비용, 도색 및 방수공사비, 화장실 수리비, 조명 공사 등은 자산의 원상을 회복하거나 능률 유지를 위한 수익적 지출에 해당하므로 필요경비로 공제받을 수 없다.

따라서 평소에 어떤 비용이 자본적 지출에 해당하는지 알아 놓고, 자본적 지출을 한 경우에는 청구서나 영수증, 은행 계좌 송금 내역 등을 챙겨 놓고 메모해 두는 습관이 필요하다.

2) 양도비

자산을 양도하기 위하여 직접 지출한 중개수수료, 양도세 신고 수수료, 공증비용, 인지대 및 소개비 등은 양도비에 해당하고 필요경비로 인정된다.

양도차손의 통산

양도세는 한 해(1.1.~12.31.) 동안 발생한 양도소득금액을 합산하여 계산한다. 개별 건을 따로 과세할 경우 분산 양도를 통해 누진세율 적용을 회피할 수 있기 때문이다. 양도소득금액을 통산하여 계산하므로 양도차익을 얻은 자산을 양도할 때 양도차손이 발생한 자산을 같은 해에 양도하면 양도세를 절세할 수 있다(참고로 양도차손은 다음 해로 이월되지 않으므로 당해연도에 활용하지 못하면 세금 혜택을 받을 수 없다).

양도소득금액은 아래의 그룹별로 구분하여 합산하며, 다른 그룹의 소득은 합산하지 않는다(예를 들어 부동산 거래의 양도차익과 주식 거래의 양도차익을 합산하지 않는다).

⟨1그룹⟩ 토지·건물·부동산에 관한 권리·기타자산의 양도소득금액
⟨2그룹⟩ 주식 등의 양도소득금액
⟨3그룹⟩ 파생상품 양도소득금액

예를 들어 甲씨가 미국의 테슬라 주식 100주를 2022. 1. 1.에 양도하여 1억 원의 양도소득금액이 발생하였으나(미국 주식의 양도소득금액에 대하여는 22%의 세금이 부과된다), 현재 스타벅스 주식 1,000주에서 5천만 원의 평가 손실이 났다고 하자. 이 경우 甲씨가 스타벅스 주식을 2022. 12. 31.까지 양도하여 양도차손을 실현시키면 테슬라 주식 양도차익 1억 원과 스타벅스 주식 양도차손 5천만 원이 통산되어 양도소득금액이 5천만 원으로 줄어들게 된다.

1) 비과세대상 자산의 차손과 양도차익 통산

다만, 여기서 주의할 점은 '비과세대상' 자산과 '과세대상' 자산은 통산이 안 된다는 것이다. 예를 들어 1세대 1주택 비과세대상에 해당하는 주택에서 1억 원의 양도차손이 발생하고, 같은 해에 오피스텔을 양도하여 1억 원의 양도차익이 발생한 경우에는 소득을 통산할 수 없으므로 1억

원에 대해 양도세를 내야 한다.

소액주주가 국내 상장주식을 장내 거래하는 경우는 양도세 비과세이다. 소액주주가 국내 상장주식을 양도하여 1억 원의 양도차손이 발생하였고, 외국 주식을 양도하여 1억 원의 양도차익이 발생했다고 하자. 이 경우 비과세대상 자산의 차손과 과세대상 자산의 이익은 통산하지 않으므로 외국 주식 양도차익 1억 원에 대하여 전부 양도세를 납부해야 한다.

양도소득세 계산 2단계 :
과세표준 구하기

1단계 : 양도가액 - 필요경비[취득가액 + 자본적 지출액 + 양도비] = 양도차익

양도세 계산의 1단계는 양도차익을 구하는 것이었다. 이제 양도세 계산 2단계인 과세표준을 구해보자.

과세표준은 세금을 부과하는 기준이 된다. 약간 추상적인 개념인데 양도세에서 과세표준은 자산의 양도가액에서 취득가액이나 양도비 등 세법상 인정되는 각종 비용을 공제하고 최종적으로 남은 금액 정도로 이해하면 될 듯하다. 양도세뿐만 아니라 우리나라의 모든 세금은 과세표준에 세율을 곱하여 세액(산출세액)을 구한다.

2단계 : 양도차익 - 장기보유특별공제 - 양도소득기본공제 = 과세표준

양도차익에서 장특공제와 기본공제를 차감하면 양도세 과세표준을 구할 수 있다.

장기보유특별공제란?

장특공제는 보유기간이 3년 이상인 토지, 건물, 조합원입주권을 양도할 때 일정액을 공제해줌으로써 부동산을 단기 투자목적이 아닌 실제 사용 목적으로 소유하도록 유도하는 제도이다.

자산 양도차익의 2%×경과연수(15년 이상 보유한 경우에는 양도차익의 30%를 한도로 한다)를 공제한다(실무상 일반 공제율을 '표1'이라고 부르므로 이 책에서도 이후 일반 공제율을 '표1'이라고 표기하기로 한다).

다만, 정책적 목적으로 1세대 1주택자가 양도하는 주택으로서 2년 이상 거주한 경우에는 보다 큰 비율(실무상 1세대 1주택자의 높은 공제율을 '표2'라고 부르므로 이 책에서도 이후 높은 공제율을 '표2'라고 표기하기로 한다)로 장특공제를 해주는데, 주택의 보유연수와 거주연수를 별도로 계산하여 각각 장특공제 금액을 구한 후 이를 합하여 양도차익에서 공제해 준다.

표2의 보유기간 장특공제 금액은 양도차익의 4%×보유 경과연수(10년 이상 보유한 경우에는 양도차익의 40%를 한도로 한다)를 하여 구한 금액을 양도차익에서 공제하고, 여기에 추가로 거주기간 장특공제 금액인 양도차익의 4%×거주 경과연수(10년 이상 거주한 경우에는 양도차익의 40%를 한도로 한다) 금액을 양도차익에서 공제한다. 즉, 보유연수·거주연수에 따라 최대 80%까지 공제한다.

표1의 장기보유특별공제율

보유기간	3년 이상 ~4년 미만	4년 이상 ~5년 미만	5년 이상 ~6년 미만	–	13년 이상 ~14년 미만	14년 이상 ~15년 미만	15년 이상
공제율 (연×2%)	6% (=3년×2%)	8% (=4년×2%)	10% (=5년×2%)	–	26% (=13년×2%)	28% (=14년×2%)	30% (=15년×2%)

표2의 장기보유특별공제율(= 보유 공제율 + 거주 공제율)

보유기간	3년 이상 ~4년 미만	4년 이상 ~5년 미만	5년 이상 ~6년 미만	–	8년 이상 ~9년 미만	9년 이상 ~10년 미만	10년 이상
보유공제율 (연×4%)	12% (=3년×4%)	16% (=4년×4%)	20% (=5년×4%)	–	32% (=8년×4%)	36% (=9년×4%)	40% (=10년×4%)
거주공제율[1] (연×4%)	12% (=3년×4%)	16% (=4년×4%)	20% (=5년×4%)	–	32% (=8년×4%)	36% (=9년×4%)	40% (=10년×4%)

장특공제를 안 해주는 경우

장특공제는 토지, 건물, 조합원입주권(관리처분계획인가 전 양도차익에만 적용한다)에 대해서만 적용되므로, 분양권이나 조합원입주권(관리처분계획인가 후 양도차익) 등 부동산을 취득할 수 있는 권리나 주식 등을 양도한 경우에는 장특공제가 적용되지 않는다. 또한, 정책적 목적으로 미등기 양도자산이나 다주택자 양도세 중과대상 주택을 양도하는 경우에도 장특공제를 적용받지 못하므로 유의해야 한다.

다주택자는 무조건 장특공제 적용이 배제될까?

양도세 중과대상 주택을 다주택자가 양도하는 경우에는 장특공제가 적용되지 않는 것이 원칙이다. 그러나 세법에서 정한 사유로 부득이하게 다주택자가 되는 경우(부득이한 사유는 '1세대 다주택자 중과' 편에서 자세히 살

---

1 거주공제율은 2년 이상 거주분부터 적용되므로 2년 이상 3년 미만 거주하였다면 거주공제율은 8%(= 2년×4%)이다.

펴보기로 한다)에는 양도세 중과대상 주택에서 제외되므로 장특공제를 적용할 수 있다.

그렇다면 부득이하게 2주택 이상이 된 경우에는 표1과 표2 중 어떤 것이 적용될까? 세법에서는 부득이하게 2주택 이상이 되는 경우[2]를 하나하나 열거해 놓고, 이에 해당할 때는 1세대 1주택 양도에 적용하는 표2를 다주택자에게도 적용하도록 예외를 인정하고 있다.

장특공제 보유기간 계산은 언제부터 할까?

장특공제는 양도자산의 취득일부터 보유기간을 계산하는 것이 원칙이나, 특정 취득유형의 경우에는 취득일이 아닌 다른 날을 기준으로 계산하므로 주의를 기울여야 한다.

취득유형	보유기간 기산 기준일
상속받은 부동산	상속개시일
증여받은 부동산	증여등기일
이혼 재산분할 부동산	이혼 전 배우자의 취득일
부당행위계산부인 대상 부동산	당초 증여자의 취득일

---

2 다만, 여기서 주의할 것이 있다. 예를 들면 신규주택 취득, 상속 등으로 2주택자가 되어 일반(종전)주택을 양도하는 경우 표2가 적용되는데, 이 경우 신규주택이나 상속으로 취득한 주택이 아닌 기존주택을 양도할 때만 표2가 적용된다는 것이다. 기존주택을 보유한 상태에서 신규주택, 상속으로 취득한 주택 등을 먼저 양도할 때는 표1이 적용되거나 장특공제가 아예 적용되지 않을 수도 있다. 부득이하게 2주택 이상이 된 경우에는 주택의 양도 순서가 매우 중요하다는 점을 기억해야 한다.

이월과세대상 부동산		당초 증여자의 취득일
가업상속공제 적용 대상 자산		당초 피상속인 취득일
「도시 및 주거환경정비법」 등에 따른 재개발·재건축	원시조합원	종전주택을 취득한 날
	승계조합원	신축주택 취득일(사용승인서 교부일)

장특공제 관련 사례

① 비거주자에게도 장특공제 표2가 적용될까?

비거주자가 국내에 소유하는 1주택을 양도하는 경우 장특공제 표2를 적용하지 못하고, 표1만 적용할 수 있다.

② 멸실 후 신축한 1세대 1주택의 장특공제 보유기간 계산

1세대가 양도한 1주택이 기존주택을 멸실하고 신축한 주택일 경우에는 장특공제율 적용을 위한 보유기간은 신축주택의 사용승인서 교부일부터 시작된다.

③ 주택의 용도를 변경한 경우 표2 적용이 가능할까?

주택을 상가 등 주택 외의 용도로 변경하여 사용하다가 이를 다시 주택으로 용도 변경하여 주택인 상태에서 양도한 경우, 해당 주택의 보유기간 계산은 해당 건물의 취득일부터 양도일까지의 기간 중 주택으로 사용한 기간만을 통산하여 장특공제를 적용한다.

④ 다세대주택을 다가구주택으로 용도변경한 경우

다세대주택을 다가구주택으로 용도변경한 후 양도하는 경우에는 다가

구주택으로 용도변경한 날부터 양도일까지의 보유기간을 계산하여 장
특공제를 적용한다. 일반적으로 다세대주택에 해당하는 기간은 다주택
상태의 기간이므로 장특공제가 적용되지 않기 때문이다.

⑤ 조합원입주권을 양도한 경우 장특공제

재개발·재건축 관리처분계획인가 승인시점에 구주택을 보유한 자가 추
후 구주택을 조합에 제공하고 취득한 조합원입주권을 양도하는 경우에
는 기존주택의 취득일부터 관리처분계획인가일까지의 양도차익에 대하
여 주택이 조합원입주권으로 변환된 것으로 보아 장특공제 표1을 적용
한다.

양도소득기본공제

양도소득 과세표준을 계산할 때 양도소득금액(=양도차익 – 장특공제)에서
아래 그룹별로 연 1회에 한해 2백50만 원을 공제해 주는 것을 양도소득
기본공제라고 한다. 단, 미등기 양도자산은 기본공제 및 장특공제를 받
을 수 없다.

〈1그룹〉 부동산, 부동산에 관한 권리 및 기타자산의 양도소득

〈2그룹〉 국내외 주식 등의 양도소득

〈3그룹〉 파생상품 등의 양도소득

미등기 양도, 주의해야 한다

"미등기 양도자산"은 토지, 건물 또는 부동산에 관한 권리를 등기하지 않고 양도하는 것을 말한다. 미등기 양도자산에 대해서는 양도세 계산 시 70%의 무거운 세율이 적용되고 장특공제, 기본공제가 적용되지 않음은 물론 각종 비과세·감면 규정 적용이 배제된다.

특히, 부동산 명의신탁에 해당하는 경우에는 「부동산 실권리자명의 등기에 관한 법률」에 의해 징역 또는 벌금형에 처해질 수도 있다.

다만, 아래에 해당하는 경우에는 법률상 또는 사실상 등기가 불가능하므로 미등기 양도자산에서 제외된다.

① 장기할부조건으로 취득한 자산으로서 그 계약조건에 의해 양도 당시 그 자산의 취득에 관한 등기가 불가능한 자산

② 법률의 규정 또는 법원의 결정에 의하여 양도 당시 그 자산의 취득에 관한 등기가 불가능한 자산

③ 소득세가 비과세 또는 면제되는 농지와 8년 이상 자경농지로서 농업소득세 과세대상인 토지

④ 「건축법」에 따른 건축허가를 받지 아니하여 등기가 불가능한 자산

⑤ 「도시개발법」에 따른 도시개발사업이 종료되지 아니하여 토지 취득등기를 하지 않고 양도하는 토지

⑥ 건설사업자가 「도시개발법」에 따라 공사용역 대가로 취득한 체비지를 토지구획 환지처분 공고 전에 양도하는 토지

양도소득세 계산 3단계 :
납부할 세액 구하기

양도세 계산의 3단계는 납부할 세액을 구하는 것이다.

2단계에서 구한 과세표준에 금액별로 법에서 정한 세율을 곱한 후 누진공제액을 차감하면 산출세액을 구할 수 있다. 산출세액에서 전자신고세액공제, 외국납부세액공제나 조세특례제한법상 감면세액을 차감하면 납세자가 부담할 세액이 나온다. 정리해 보면 양도세 계산은 다음과 같다.

[양도가액 − 필요경비(취득가액 + 자본적 지출액 + 양도비) − 장특공제 − 기본공제]
× 세율(누진공제액 감안) − 공제·감면세액 = 양도세

양도세 세율

세액을 계산할 때 그 기준이 되는 과세표준이 크건 작건 따지지 않고 일정한 세율을 적용하는 것을 비례세율이라고 하고, 과세표준의 증가와 함께 세율도 커지는 세율을 누진세율이라고 한다. 양도세는 일반적으로 누

진세율이 적용되나, 정책적으로 규제할 필요(예를 들면 미등기 양도자산, 단기
간 보유한 자산 양도, 분양권 양도 등)가 있는 경우에는 비례세율을 적용한다.

과거에는 과세표준만 구하면 세액을 구하는 데 큰 어려움이 없었다.
단순히 과세표준에 법에서 정한 세율을 곱하고 누진공제액만 차감하면
간단하게 구할 수 있었다. 지금도 산출세액을 구하는 계산 방식이 바뀐
것은 아니다. 하지만 전문가들조차도 잦은 세법개정으로 어떤 세율을 적
용해야 하는지 정확히 알지 못하는 경우도 생겨나고 있다.

기본세율, 비사업용 토지 세율, 다주택자 세율

세법에 양도자산에 대한 예외규정(예 : 단기 양도자산 등)이 없다면 2021년
이후 양도분부터는 과세표준에 아래의 기본세율을 적용하여 산출세액
을 구한다.

다만, 양도한 자산이 비사업용 토지일 경우에는 기본세율에 10%를
가산한 세율을 적용하고, 2021. 6. 1. 이후 2주택자가 조정지역 내에 있
는 주택을 양도하는 경우에는 기본세율에 20%를 가산한 세율이 적용되
며, 3주택자가 조정지역 내에 있는 주택을 양도하는 경우에는 기본세율
에 30%를 가산한 세율이 적용된다.

기본세율, 비사업용 토지 세율, 조정지역 내 다주택자 세율

과세표준 구간	기본세율	비사업용 토지 (+10%)	조정지역 내(2021. 6. 1. 이후) 양도		누진공제액
			2주택 (+20%)	3주택 이상 (+30%)	
1천200만 원 이하	6%	16%	26%	36%	–

4천600만 원 이하	15%	25%	35%	45%	108만 원
8천800만 원 이하	24%	34%	44%	54%	522만 원
1억5천만 원 이하	35%	45%	55%	65%	1천490만 원
3억 원 이하	38%	48%	58%	68%	1천940만 원
5억 원 이하	40%	50%	60%	70%	2천540만 원
10억 원 이하	42%	52%	62%	72%	3천540만 원
10억 원 초과	45%	55%	65%	75%	6천540만 원

위의 표를 이용하여 산출세액을 구하는 연습을 해보자.

① 기본세율이 적용되는 토지를 양도하였고 과세표준이 3억 원인 경우
산출세액은?

3억 원 × 기본세율(38%) - 누진공제액 1천940만 원 = 9천460만 원

② 비사업용 토지를 양도하였고 과세표준이 3억 원인 경우 산출세액은?

3억 원 × 비사업용 토지 세율(48%) - 누진공제액 1천940만 원
= 1억2천460만 원

③ 2주택자가 조정지역 내에 있는 주택을 양도하였고 과세표준이 3억 원
인 경우 산출세액은?

3억 원 × 2주택 세율(58%) - 누진공제액 1천940만 원
= 1억5천460만 원

④ 3주택자가 조정지역 내에 있는 주택을 양도하였고 과세표준이 3억 원

인 경우 산출세액은?

3억 원×3주택 세율(68%) - 누진공제액 1천940만 원

=1억8천460만 원

보유기간에 따른 양도자산별 양도소득세 세율

아래의 표는 2021. 6. 1. 이후 자산을 양도할 경우 적용하는 양도세 세율을 한눈에 볼 수 있도록 정리한 것이다. 가능한 한 가독성이 높도록 만들어 보려 하였으나 표를 보면 일단 답답한 기분이 들 것이다. 그러나 양도한 자산이 표의 양도자산 중 어디에 해당하는지를 먼저 보고, 다음으로 보유기간이 표의 어디에 해당하는지 확인하면 세율을 알아낼 수 있으므로 생각보다 어렵지 않다(즉, 표의 왼쪽에서 시작하여 오른쪽으로 적용).

다만, 어떤 세율을 적용하는지에 따라 세금이 적게는 수백만 원에서 많게는 수억 원의 차이가 발생할 수 있다. 돌다리도 두들겨 가며 지나가듯 세법에 맞는 세율을 신중하게 적용하는 것이 매우 중요하다는 점을 잊지 말아야 한다.

2021. 6. 1. 이후 양도자산 적용세율

양도자산	보유기간	세율	비고
미등기 양도자산	무관	70%	
기타자산	무관	기본세율	
건물, 토지(비사업용 토지 제외) 부동산에 관한 권리 (분양권, 조합원입주권 제외)	1년 미만	50%	
	2년 미만	40%	
	2년 이상	기본세율	

비사업용 토지	1년 미만	50%	中 큰 금액
		기본세율+10%	
비사업용 토지	2년 미만	40%	中 큰 금액
		기본세율+10%	
	2년 이상	기본세율+10%	
분양권	1년 미만	70%	
	1년 이상	60%	
1주택자 주택 양도 조합원입주권 양도	1년 미만	70%	
	2년 미만	60%	
	2년 이상	기본세율	
양도 당시 2주택자	조정지역 주택 양도	1년 미만	70%	
		2년 미만	60%	中 큰 금액
			기본세율+20%	
		2년 이상	기본세율+20%	
	일반지역 주택 양도	1년 미만	70%	
		2년 미만	60%	
		2년 이상	기본세율	
양도 당시 3주택자	조정지역 주택 양도	1년 미만	70%	中 큰 금액
			기본세율+30%	
		2년 미만	60%	中 큰 금액
			기본세율+30%	
		2년 이상	기본세율+30%	
	일반지역 주택 양도	1년 미만	70%	
		2년 미만	60%	
		2년 이상	기본세율	

세율 계산 사례

양도일 현재 3주택자인 甲씨가 조정지역 내에 있는 조합원입주권을 2022. 1. 1.에 구입하여 2022. 6. 30.에 양도하였다. 양도세 계산을 해보니 과세표준이 1억 원 나왔다. 이 경우 과세표준에 몇 %의 세율을 적용해야 할까?

① 조합원입주권 양도이므로 기본세율 35%(누진공제액은 1천490만 원)를 적용해야 한다.

   1억 원×35%－1천490만 원＝2천10만 원

② 3주택 이상자의 주택 양도에 해당하므로 중과세율 65%(기본세율＋30%－누진공제액 1천490만 원)를 적용해야 한다.

   1억 원×(35%＋30%)－1천490만 원＝5천10만 원

③ 보유기간 1년 미만이므로 70%의 비례세율을 적용해야 한다.

   1억 원×70%＝7천만 원

위 사례의 경우 조합원입주권은 주택이 아니므로 다주택자 중과세율(②)은 적용되지 않는다.

따라서 기본세율(①)을 적용하는 것이 원칙인데, 2021. 6. 1. 이후 보유기간 1년 미만의 조합원입주권을 양도하는 경우에는 70%의 비례세율(③)로 계산한 산출세액 7천만 원과 기본세율(①)로 계산한 산출세액 2천10만 원 중 큰 금액인 7천만 원을 산출세액으로 해야 한다.

공제·감면 세액

「조세특례제한법」(이하 조특법) 등에서는 국가의 정책 목표 달성을 위해 납세자가 부담해야 할 세금에서 일정률을 경감해 주는 감면제도를 두고 있다. 감면제도는 조세부담을 하지 않는다는 측면에서는 비과세와 유사하지만, 비과세는 국가에서 과세권을 포기한 것이므로 납세자의 신고나 신청이 없어도 당연히 과세되지 않는 반면 감면은 납세자의 신고나 신청이 있어야 한다는 점에서 다르다.

공제·감면 세액에는 전자신고세액공제, 외국납부세액공제, 조특법상 감면이 있다. 다만, 조특법상 감면은 종류는 많지만 자주 발생하지 않는 특별한 경우의 규정이 많아 이 책에서 하나하나 열거하지는 않는다(실무상 자주 발생하는 감면 사례로는 8년 이상 재촌 자경한 농지에 대한 감면, 공익사업용 토지로 수용되는 토지의 감면, 장기일반민간임대주택 등에 대한 양도세 감면 등이 있다). 다만, 오랜 실무 경험을 통해 알게 된 절세팁 두 가지가 있다.

첫째는, 자산을 양도하기 전에 해당 자산이 감면대상에 해당하는지 여부 등을 확인(세테크에 밝은 분들은 자산을 구입할 때부터 감면대상에 해당하는 자산을 일부러 매입하는 경우도 많다)해 보고, 감면대상에는 해당하나 일부 감면요건이 미비하다면 감면요건을 충족한 후에 자산을 양도하는 것이 양도세 절세 면에서 큰 도움이 된다.

둘째는, 양도자산이 감면대상에 해당한다는 사실을 입증할 만한 자료들을 미리미리 준비해 두는 것이다. 원칙적으로 세금을 부과할 때 입증책임은 과세관청에 있으나, 납세자가 비과세나 감면 등을 적용받고자 할 때는 감면대상에 해당한다는 사실을 납세자가 객관적으로 입증해야 한다.

실무 과정에서 감면대상에 해당한다며 양도세 감면신청을 하였으나, 이를 뒷받침할 증빙이 없거나 부족하여 과세관청이 감면신청을 거부하고 본세에 가산세까지 더하여 무거운 세금을 부과하는 경우를 자주 보았다. 실무를 담당하는 세무공무원이 국고주의에 입각해서 거부하는 거라고 생각할 수도 있겠지만, 객관적인 감면 근거가 없다면 세무공무원이 인정해 주고 싶어도 인정해 줄 수 없다는 사실을 기억해야 한다.

오피스텔·생활형 숙박시설 분양권, 주택 수에 포함될까?

2021. 6. 1. 이후 양도하는 주택 분양권은 1년 미만 보유한 경우 70%, 1년 이상의 경우에는 60%의 높은 양도세 세율을 적용한다. 오피스텔이나 생활형 숙박시설 분양권의 경우 주택 분양권이 아니므로 1년 미만 보유한 경우 50%, 1년 이상 2년 미만의 경우에는 40%, 2년 이상 보유한 경우에는 기본세율이 적용된다.

또한, 오피스텔·생활형 숙박시설 분양권은 주택 분양권이 아니므로 2021. 1. 1. 이후 취득해도 주택 수에 포함되지 않는다.

Q A주택을 소유한 甲씨는 2021. 2. 1.에 B오피스텔 분양권을 취득하였고, 이후 A주택을 2024. 12. 31.에 양도하였다. 1세대 1주택 비과세 규정이 적용될까?

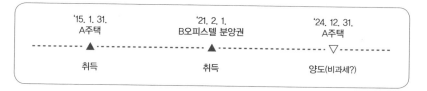

A 오피스텔 분양권은 주택 분양권에 해당되지 않아 주택 수에 포함되지 않는다. 사례의 경우 A주택은 2017. 8. 2. 이전에 취득한 주택이므로 거주요건은 충족하지 않아도 되고 2년 이상 보유하였으므로 1세대 1주택 비과세 규정이 적용된다.

양도시기와
취득시기

양도세 조문에는 '양도시기', '취득시기'라는 용어가 자주 나온다. 양도시기와 취득시기가 중요한 이유는 두 시기가 세법 적용의 기준시점이 되기 때문이다. 예컨대 1세대 1주택은 원칙적으로 양도시점을 기준으로 판단하고, 장특공제 적용을 위한 보유기간은 취득시기를 기준으로 산정한다. 양도세를 정확히 계산하기 위해서는 자산을 언제 취득하여 언제 양도하였는지 정확히 알아야 하므로 세법에서는 양도시기와 취득시기를 명확하게 규정하고 있다.

일반적인 거래

자산의 양도시기 및 취득시기는 원칙적으로 대금을 청산한 날(거래 잔금을 모두 수수한 날)이다. 대금을 청산한 날이 분명하지 않을 때는 등기·등록접수일 또는 명의개서일이 되고, 대금을 청산하기 전에 소유권이전등기 등을 한 경우에는 등기부·등록부 또는 명부 등에 기재된 등기접수일이 양도 및 취득 시기가 된다.

특수한 거래

일반적인 매매 거래가 아닌 특수한 경우에는 양도 및 취득 시기를 법에서 규정하고 있다. 예를 들어 상속 또는 증여에 의해 취득한 자산은 상속개시일 또는 증여를 받은 날이 취득시기가 된다. 다만, 취득 및 양도 시기가 명확하지 않을 경우는 이를 의제하는 규정을 두고 있는데 부동산, 부동산에 관한 권리, 기타자산으로서 1984. 12. 31. 이전에 취득한 자산은 1985. 1. 1에 취득한 것으로 보고, 상장주식 및 비상장주식으로서 1985. 12. 31. 이전에 취득한 자산은 1986. 1. 1에 취득한 것으로 보고 있다.

〈특수한 거래의 양도 및 취득 시기〉

① 장기할부조건의 경우 소유권이전등기(등록 및 명의개서를 포함한다) 접수일·인도일 또는 사용수익일 중 빠른 날

② 자기가 건설한 건축물은 사용승인서 교부일. 다만, 사용승인서 교부일 전에 사실상 사용하거나 임시사용승인을 받은 경우에는 그 사실상의 사용일 또는 임시사용승인을 받은 날 중 빠른 날(건축허가를 받지 아니하고 건축하는 건축물은 사실상의 사용일)

③ 상속 또는 증여에 의하여 취득한 자산의 경우는 상속개시일(피상속인의 사망일), 또는 증여를 받은 날[1]

---

1 다만, 부동산 등 등기하는 자산의 경우에는 증여계약일이 아닌 소유권이전등기 등록신청서 접수일이 취득시기가 된다.

④ 법에 따라 공익사업을 위하여 수용되는 경우 [2]

대금을 청산한 날, 수용의 개시일 또는 소유권이전등기 접수일 중 빠른 날

⑤ 미완성(미확정) 자산에 해당할 경우

자산의 대금을 청산한 날까지 그 목적물이 완성 또는 확정되지 아니한

경우에는 그 목적물이 완성 또는 확정된 날

⑥ 「도시개발법」 등 법률에 따른 환지처분

환지처분은 양도로 보지 않으므로 환지 전 당초 토지 취득일이 취득시

기가 된다. [3]

⑦ 양도 또는 취득 시기가 불분명한 경우

주식 등을 여러 번 나눠서 취득하였다가 일부를 양도하는 경우 언제 취득

한 주식을 양도한 것인지 불분명한 경우가 있다. 양도한 자산의 취득시기

가 분명하지 않은 경우에는 먼저 취득한 자산을 먼저 양도한 것으로 본다.

⑧ 교환의 경우

교환가액에 차이가 없으면 교환성립일이고, 차액의 정산이 필요한 경우

에는 정산을 완료한 날(불분명한 경우는 교환등기 접수일)이다.

⑨ 공동사업 현물출자의 경우

공동사업에 현물출자한 날 또는 등기접수일 중 빠른 날

---

2 다만, 소유권에 관한 소송으로 보상금이 공탁된 경우에는 소유권 관련 소송 판결 확정일로 한다.

3 다만, 교부받은 토지의 면적이 환지처분에 의한 권리 면적보다 증가 또는 감소된 경우에는 그 증가 또는 감소된 면적의 토지에 대한 취득시기 또는 양도시기는 환지처분의 공고가 있은 날의 다음 날로 한다.

⑩ 토지거래허가대상 토지를 양도한 경우

대금청산일이 양도 또는 취득 시기이나, 만일 토지거래허가대상 토지를 양도한 경우 신고기한은 허가일이 속하는 달의 말일로부터 2개월 이내에 예정신고해야 한다.

취득시기나 양도시기 조절을 통한 양도세 절세

1) 분양권 취득일은 잔금청산일

甲씨는 2018. 6. 30. 분양권(b)을 취득하였고, 2021. 1. 1. 비조정지역에 있는 A주택을 취득했다. 하지만 甲씨는 b분양권으로 취득할 B주택에서 살기로 하고 A주택을 파는 양도계약(잔금청산일 2022. 3. 31.)을 체결하였다. 甲씨는 A주택 양도에 대하여 1세대 1주택 비과세를 적용받을 수 있을까?

'18. 6. 30. b분양권	'21. 1. 1. A주택	잔금납부일 ① B주택	'22. 1. 1. 1년 경과 여부	잔금납부일 ② B주택	'22. 3. 31. A주택
■	▲	▲	‖	▲	▽
취득	취득	b분양권 → B주택	기준일자	b분양권 → B주택	양도 (비과세?)

일시적 1세대 2주택인 경우에는 일정 요건을 갖추면 1세대 1주택 비과세를 적용받을 수 있다. 그리고 일시적 1세대 2주택 비과세를 적용받기 위해서는 종전주택(A주택) 취득일로부터 1년이 지난 후 신규주택(B주택)을 취득해야 한다(자세한 내용은 '주택에 대한 비과세-1세대 2주택' 편에서 살펴볼 것이다).

앞에서 본 바와 같이 분양권으로 취득한 주택은 '사용승인일'과 '잔금 청산일' 중 늦은 날이 취득시기이다. 위 사례에서 만일 甲씨가 b분양권에 대한 분양대금 잔금을 2021. 12. 31. 이전에 청산하였다면 A주택 취득일로부터 1년이 지나기 전에 B주택을 취득한 것이 되어 A주택은 1세대 1주택 비과세를 적용받을 수 없다. 반면에 위 사례처럼 甲씨가 b분양권에 대한 분양대금 잔금을 2022. 1. 1. 이후에 청산하였다면 1년 경과 후에 신규주택(B주택)을 취득한 것이므로 1세대 1주택 비과세를 적용받을 수 있다.

분양권으로 취득할 주택이 있다면 잔금을 청산하기 전에 각자가 처한 상황에 맞춰서 잔금시기를 조절해야 한다. 물론 잔금 미납에 따른 연체료와 1세대 1주택 비과세로 절약하는 세금을 비교해 봐야 한다.

2) 장특공제를 더 많이 받으려면(조금만 더 보유하거나 거주하기)

甲씨는 2012. 1. 1. 10억 원에 A주택을 취득하였고, 취득 후 계속 전세를 주다가 2020. 6. 30.부터 A주택에 전입하여 현재 살고 있다. 甲씨는 A주택을 24억 원에 양도하려고 한다. 甲씨가 A주택을 2022. 6. 28.에 양도하는 경우와 2022. 6. 29.에 양도하는 경우 양도세 차이는 얼마가 될까(단, A주택은 1세대 1주택 비과세 규정이 적용된다)?

물론 여러분이 위 사례에서 양도세 계산을 할 수 있으리라고는 생각하지 않는다. 위 사례는 장특공제가 세금에 미치는 영향이 얼마나 큰지를 설명하기 위해 제시한 것이다. 결론을 이야기하면 2022. 6. 28.에 양도하는 경우 양도세는 1억9천875만 원, 2022. 6. 29.에 양도할 경우 양도세는 1억1천920만 원, 차이는 7천955만 원이다. 나머지 조건은 동일하고 거주기간만 딱 하루 차이다. 장특공제가 중요하다는 사실을 더 설명할 필요는 없을 것 같다. 혹시라도 위 계산 과정이 궁금한 분들을 위해 간단한 설명을 첨부해 놓았다.

① 2022. 6. 28에 양도하는 경우 : 1억9천875만 원

24억 원(양도가액) – 10억 원(필요경비) – 7억 원(비과세 양도차익[4]) – 1억4천만 원(장특공제 7억 원× 10년× 2%) – 250만 원(기본공제) = 5억5천750만 원(과세표준) × 42%(세율) – 3천540만 원(누진공제) = 1억9천875만 원

② 2022. 6. 29에 양도하는 경우 : 1억1천920만 원

24억 원(양도가액) – 10억 원(필요경비) – 7억 원(비과세 양도차익[4]) – 3억3천600만 원(장특공제 보유 : 7억 원× 10년× 4% + 거주 : 7억 원× 2년 = × 4%) – 250만 원(기본공제) = 3억6천150만 원(과세표준) × 40%(세율) – 2천540만 원(누진공제) = 1억 1천920만 원

1세대 1주택의 경우 장특공제 표2(최고 80% 공제)를 적용받을 수 있다. 단, 2년 이상 거주해야만 하는 조건이 있다.

사례의 경우 2022. 6. 28에 양도하는 경우에는 2년 이상 거주요건을 충족하지 못하여 보유연수에 2%를 적용하는 장특공제 표1이 적용되었고(10년 보유 × 2% = 20%), 2022. 6. 29에 양도하는 경우에는 2년 이상 거주요건을 충족하여 거주연수에 연 4% + 보유연수 4%를 적용하는 장특공제 표2가 적용된다(보유 : 20억 원× 10년× 4% + 거주 : 20억 원× 2년 × 4% = 48%).

---

4   고가주택 양도세 계산은 p.125에서 자세하게 설명한다.

3) 재산세와 종부세 고려하기

보유세(재산세와 종합부동산세)의 과세기준일은 매년 6. 1.이다. 즉, 6. 1. 현재 주택 등 자산을 보유하고 있는 사람에게 재산세가 부과되고, 재산세가 부과된 사람에게 종부세가 부과된다. 따라서, 재산세와 종부세가 부과되는 자산을 양도할 경우 잔금청산일을 6. 1. 이전으로 한다면 자산을 취득한 사람이 세금을 내게 되고, 6. 1. 이후 잔금을 청산한다면 자산을 양도한 사람이 그해의 재산세와 종부세를 부담하게 된다.

결국 파는 사람은 6. 1. 전에 파는 것이, 사는 사람은 6. 1. 이후에 사는 것이 유리하다. 다만, 현실에서는 6. 1. 무렵에 부동산 거래를 할 때는 매매가액에 재산세나 종부세 등 세금 상당액을 감안하여 결정하는 것이 일반적인 관례이다.

양도소득세 신고 및 납부

양도세는 자율신고납부제도

세무서에서 납부할 세액을 최종적으로 결정하는 제도를 정부 부과결정제도라고 하고, 납부할 세액을 납세자가 결정하는 제도를 자율신고납부제도라고 한다. 대표적인 정부 부과결정제도는 상속세와 증여세다. 반면에 양도세는 자율신고납부제도를 채택하고 있기 때문에 세무서가 아닌 납세자 스스로 양도세를 계산하여 신고·납부하면 일단 양도세가 확정된다.

단, 세무서에서는 납세자의 신고 내용에 오류가 발견되거나 고의적 탈세 혐의가 발견되면 세무조사 등을 거쳐 잘못 신고된 부분을 최종적으로 정정한다. 납세자가 신고를 하지 않은 경우 당연히 세무서에서 세금을 계산하여 부과하며 신고·납부의무를 이행하지 않은 데 대한 불이익으로 가산세를 추가로 부과한다.

양도세 신고·납부

1) 예정신고

양도세는 양도일(일반적으로 잔금청산일)이 속하는 달의 말일로부터 2개월 이내에 관할세무서에 예정신고하고 세금은 은행 등에서 납부하면 된다. 다만, 양도세 예정신고기한은 양도자산에 따라 조금씩 차이가 있는데 이를 정리하면 아래와 같다.

① 토지 또는 건물, 부동산에 관한 권리, 기타자산

양도일이 속하는 달의 말일부터 2월

② 주식

주식 양도일이 속한 반기 말일부터 2개월(즉, 양도일이 상반기면 8월 말일까지, 하반기면 다음 해 2월 말일이 신고기한이다)

③ 부담부증여

채무 인수분 양도일이 속하는 달의 말일부터 3월

예정신고기한을 쉽게 계산하는 법

예정신고기한을 쉽게 계산하는 방법은 +2개월(말일)을 하는 방법이다. 예컨대 양도일이 2022. 11.인 경우 +2개월(말일)을 하면 2023. 1.(말일)이 된다. 즉, 신고기한은 2023. 1. 말일까지가 된다[만일 2022. 9.이 양도일이면 +2

개월(말일)을 한 2022. 11. 말일이 신고기한이다].

2) 확정신고

양도세 과세대상 자산을 일 년에 한 번만 양도했다면 예정신고만 하고 더 이상의 신고를 할 필요는 없다. 그러나 자산을 연 2회 이상 양도하면 2회 전체의 양도소득금액을 합산하여, 자산을 양도한 해의 다음 해 5월 말일까지 신고해야 한다. 이를 양도세 확정신고라고 한다.

> 2021. 3. 31.에 A아파트를 팔았고, 2021. 9. 30에 B토지를 팔았다면
> ① A아파트 양도세 예정신고기한은 2021. 5. 31.까지
> ② B토지 양도세 예정신고기한은 2021. 11. 30.까지
> ③ A아파트와 B토지를 합산하여 신고하는 확정신고기한은 2022. 5. 31.까지이다.

3) 신고·납부 기관

양도세는 양도물건 소재지가 아닌 양도인의 주소지를 관할하는 세무서에 신고하면 된다. 다만, 국세청은 신고업무에 광범위한 전산화가 이루어져서 관할을 잘못 신고해도 불이익은 없다.

지방소득세

양도세를 신고·납부할 때는 양도세 신고기한으로부터 2개월 후까지 관

할 자치단체에 개인지방소득세(양도소득분)를 예정신고하고 납부해야 한다. 예를 들어 2023. 1. 말일이 양도세 신고기한이라면 2개월 후인 2023. 3. 말일까지 양도세액의 10%를 개인지방소득세로 예정신고하고 납부해야 한다.

분납

납부할 세액이 1천만 원을 초과하는 경우 두 번에 걸쳐 (납부기한으로부터 2개월 이내) 나눠 내는 것을 분납이라고 한다. 납부할 세액이 2천만 원 이하이면 1천만 원은 납부기한까지, 나머지 금액은 납부기한으로부터 2개월 이내에 납부하면 된다. 납부할 세액이 2천만 원을 초과하면 절반을 납부기한까지, 나머지 절반을 납부기한으로부터 2개월 이내에 납부하면 된다.

양도세 계산이 틀린 경우

1) 수정신고

양도세 예정(확정)신고를 했는데 세금 계산이 틀릴 수가 있다. 납세자가 세금을 덜 신고했다면 관할세무서장이 세금을 새로 계산하여 결정하기 전까지는 납세자 스스로 양도세를 정정하여 신고할 수 있다. 이를 '수정신고'라 한다.

수정신고를 한 시기에 따라 잘못 신고한 세금에 붙는 가산세의 10~90%(단, 신고기한으로부터 2년이 초과하면 감면이 없다)를 깎아 준다. 따라서 세금을 덜 냈다면 빠른 시일 내에 수정신고 하는 것도 절세방법 중 하나가 될 수 있다.

2) 경정청구

양도세 예정(확정)신고를 하면서 납세자가 세금을 더 많이 신고했다면 신고기한으로부터 5년 이내에 많이 낸 세금을 돌려달라고 청구할 수 있는데, 이를 '경정청구'라 한다. 경정청구가 절세방법 중 하나인 것은 너무나 당연하다.

신고기한을 놓친 경우 기한 후 신고

양도세 예정(확정)신고를 하지 않은 경우에도 관할 세무서장이 양도세를 결정하여 통지하기 전까지는 '기한 후 과세표준 신고서'를 제출할 수 있다. 이를 '기한 후 신고'라 하며, 기한 후 신고를 한 시기에 따라 세금에 붙는 가산세를 20~50%(단, 신고기한으로부터 6개월이 초과하면 감면이 없다) 깎아 준다.

가산세

양도세 예정신고를 기한 안에 하지 않으면 납부할 세액의 20%를 무신고 가산세로 부과한다. 납부할 세액을 신고해야 할 세액보다 적게 신고한 경우에는 과소 신고한 세액의 10%를 과소신고 가산세로 부과한다.

무(과소)신고에 대한 불이익과는 별개로 납부지연에 대한 이자 성격의 가산세도 부과하는데, 납부지연 가산세는 납부기한이 경과한 날부터 매일 하루 0.022%(연 8.03%)가 부과된다.

예를 들어 甲씨는 2022. 1에 토지를 양도하고 예정 신고·납부(납부할 세액은 1억 원이다)를 하지 않았다가 2023. 4. 1에 무신고한 세금을 납부하려 한다. 甲씨는 가산세를 포함하여 양도세 얼마를 납부해야 할까?

甲씨는 원래 납부할 세액 1억 원에 무신고 가산세 2천만 원(1억 원 × 20%) + 납부지연 가산세 803만 원(1억 원 × 365일 × 0.022%)을 합해 총 1억 2천803만 원을 내야 한다.

 ## 세무대리인을 통한 절세

양도세는 납세자가 스스로 계산해야 한다. 만일 스스로 계산하는 것이 어렵다면 세무 업무를 전문으로 하는 세무사 등의 도움을 받아 신고 업무를 대행하게 하면 된다(물론 세상에 공짜는 없으므로, 세무사 등에게 신고대리 업무에 대한 일정 보수를 지급해야 할 것이다).

상당히 많은 분들이 세무서를 방문하면 무료로 양도세 계산도 해주고 신고서 작성도 해주는 것으로 잘못 알고 있다. 양도세는 자율 신고·납부하는 세금이므로 세무서에서는 신고서를 대신 작성해 줄 수 없고, 단지 납세자가 양도세 계산을 할 때 세법상의 계산 방법 등을 조언해 줄 수 있을 뿐이다. 그리고 세무서에서 실수로 잘못 알려줘도 그로 인한 가산세 부담은 납세자가 부담해야 하며, 세무서에서 대신 내주지 않는다.

집을 사거나 팔 때 중개사에게 지급하는 수수료나, 등기할 때 법무사에게 지급하는 수수료에 대해서는 대부분의 사람들이 아깝기는 하지만 어쩔 수 없는 비용이라고 생각한다. 반면에 양도세 신고 과정에서 세무사 등에게 지급하는 수수료는 많은 분들이 아까워한다.

실제로 세무대리 수수료를 아끼기 위해 세무서를 수차례 방문하여 직원에게 신고서 작성 방법 등을 자세히 물어보거나, 국세청 신고상담센터(국번 없이 126번) 등에 전화하여 하나하나 물어본 다음에(배운 다음에) 세무서에 직접 방문하여 양도세 신고서를 작성하고 그 자리에서 신고하는 분들이 예상외로 많다.

양도세는 워낙 예외도 많고 규정도 자주 바뀌어 조금만 실수해도 세금이 수억 원 차이가 날 수 있다. 이때 신고를 잘못한 경우 국세청에서는 가산세를 부과하는데 그 가산세가 수천만 원이 나올 수 있다. 세무사 중에도 양도세 신고업무를 포기한 경우가 있을 정도로 양도세 계산은 쉽지 않다. 따라서 납세자가 짧은 시간에 배워서 완벽하게 신고하기는 거의 불가능에 가깝다.

양도세를 물어물어 혼자 힘으로 신고하였지만, 양도세 계산을 잘못하여 가산세를 부담하는 경우를 실무에서 자주 봤다. 세금 신고를 제때에 정확하게 하는 것이 절세의 시작이고, 효율적인 절세방법임을 잊지 말아야 한다.

따라서 양도차손이 나거나 양도차액이 아주 적은 경우를 제외하고는 가급적 전문가에게 신고 의뢰를 하는 것이 현명한 절세방법이 될 수 있다. 참고로 세무대리인에게 지급한 비용은 양도비로 필요경비에 해당하여 양도차익에서 공제된다.

Chapter 2

주택에 대한 비과세 –
1세대 1주택

세법은 어렵다. 그리고 세법이 어렵다는 것은 비단 우리나라에서만 나타나는 현상은 아니다. 영화 〈쇼생크 탈출〉의 주인공 앤디 듀플레인은 교도소 간수들에게 절세방법을 알려주며 탈출을 위한 첫발을 내딛는다. 세법이 어렵기 때문에 사람들은 세법에 별로 관심을 두지도 않고 세법 용어를 좋아하지도 않는다. 그럼에도 불구하고 많은 사람들이 잘 알고 있는 세법 용어가 하나 있다. 바로 1세대 1주택 비과세이다.

흔히 인간에게 꼭 필요한 세 가지를 이야기할 때 의식주를 꼽는다. 그래서 집을 사고 파는 일은 생각보다 자주 일어난다. 하지만 양도세 규정은 매년 어려워지고 있다. 주택 가격은 등락을 거듭하고 정부의 새로운 부동산 대책이 계속 발표되고 있기 때문이다. 지금부터 살펴볼 1세대 1주택 비과세 규정도 예외는 아니다.

세대란
무엇인가?

　1세대 1주택 비과세 제도는 주거생활 안정을 위해 도입되었다. 예를 들어 10년 만에 집을 옮기는 사람이 기존 아파트를 15억 원에 팔고 같은 가격의 단독주택을 사려 한다고 가정해 보자. 아파트를 10년 전에 5억 원에 샀다면 아파트를 팔았을 때 10억 원의 양도차익이 생긴다. 10억 원에 대해 양도세 3억 원을 낸다면 아파트를 팔아 12억 원만 손에 쥘 수 있다. 따라서 같은 조건(15억)의 주택으로 이사 갈 수 없다. 이처럼 세금으로 인해 주거의 질이 떨어지는 결과를 가져올 수도 있기 때문에 1세대 1주택 비과세 제도가 도입된 것이다.

　양도세 비과세 규정 중 가장 많이 적용되는 것이 1세대 1주택 비과세 규정이다. 세금을 조금이라도 덜 내고 싶어 하는 사람들이 (물론 저자도 거기에 포함된다!) 1세대 1주택 규정에 관심을 갖는 것은 너무나 당연하다.

　사전적 의미의 세대(世帶)는 '현실적으로 주거 및 생계를 같이 하는 사람의 집단'이다. 하지만 세법에서는 조금 다르게 규정하고 있다. 일반인이 세법 규정을 직접 찾아보면서 공부하는 것은 쉬운 일이 아니다. 하지만 워낙 중요한 규정이기 때문에 소개하기로 한다.

세법에서 말하는 "1세대"란?

거주자 및 그 배우자(법률상 이혼을 하였으나 생계를 같이 하는 등 사실상 이혼한 것으로 보기 어려운 관계에 있는 사람을 포함한다. 이하 이 호에서 같다)가 그들과 같은 주소 또는 거소에서 생계를 같이 하는 자[거주자 및 그 배우자의 직계존비속(그 배우자를 포함한다) 및 형제자매를 말하며, 취학, 질병의 요양, 근무상 또는 사업상의 형편으로 본래의 주소 또는 거소에서 일시 퇴거한 사람을 포함한다]와 함께 구성하는 가족 단위를 말한다. 다만, 대통령령으로 정하는 경우에는 배우자가 없어도 1세대로 본다.

세법이 어렵다는 것을 다시 한번 알게 되었을 것이다. 하지만 여러분이 위 규정을 이해하려고 노력할 필요는 없다. 이제 세법 규정은 잠시 잊고 1세대를 판단하는 기준들을 하나씩 짚어가자. 1세대 1주택 비과세 규정은 '개인'이 아니고 '세대'가 기준이 된다. 세대는 결혼으로 이루어진 부부가 기본이 된다. 그리고 이들이 같은 주소에서 생계를 같이 해야 한다.

문제는 우리나라에서 결혼은 헌법상 의무로 규정되어 있지도 않고, 결혼을 하고 싶어도 하지 못하는 사람도 있다는 것이다. 당연히 결혼을 하지 않은 사람에게 무조건 1세대 1주택 규정을 배제한다면 당사자들은 무척 억울할 것이다. 그래서 세법에서는 결혼을 하지 않은 경우에도 아래와 같은 요건을 갖추면 별도의 1세대로 보아 1세대 1주택 비과세 규정을 적용할 수 있도록 했다. 참고로 아래 규정은 AND 규정이 아니라 OR 규정이라는 것을 기억하자.

1. 해당 거주자의 나이가 30세 이상인 경우
2. 배우자가 사망하거나 이혼한 경우
3. 법 제4조에 따른 소득이 「국민기초생활 보장법」 제2조 제11호에 따른 기준 중위소득의 100분의 40 수준 이상으로서 소유하고 있는 주택 또는 토지를 관리·유지하면서 독립된 생계를 유지할 수 있는 경우. 다만, 미성년자의 경우를 제외하되…

별거하는 부부에 대한 별도 1세대 인정 여부

요즘은 맞벌이 부부도 많고, 불가피하게 직장 때문에 떨어져 사는 부부도 적지 않다. 경제적으로 여유가 있는 경우라면 부부가 각각 집을 사서 살 생각을 할 수 있을 것이다. 그렇다면 부부가 다른 곳에 살면서 주소를 옮겨 놓으면 독립된 세대를 이룰 수 있을까?

이와 관련하여 판례에서는 '거주자의 배우자는 사실상 동거하고 생계를 같이 하는지 여부를 묻지 않고 배우자라는 사실만으로 거주자와 1세대를 구성한다고 해석되므로, 주택 양도 당시 법률상 배우자가 있다면 비록 그 부부관계가 실질적으로 파탄에 이르렀다고 하더라도 거주자와 1세대를 구성한다'고 하고 있다.

1) 불가피한 사유로 장기간 별거하는 경우

맞벌이 부부인 甲씨는 서울에서 약국을 운영하였고, 남편 乙씨는 진주 등에서 교사로 근무하였던 관계로 20년간 부부가 실제로 떨어져 살았다. 투기와는 관련 없이 乙씨가 근무상 거주할 목적으로 2013. 8.경에 진주의 아파트를 취득하여 실제로 계속 거주하였다가 정년퇴직을 하고 해당 주택을 양도하였다. 이때 乙씨가 양도한 진주 주택은 1세대 1주택 비과세 규정을 적용받을 수 있을까?

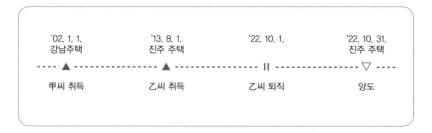

앞에서 보았듯이 1세대 1주택 비과세 규정은 엄격하게 적용하고 있다. 따라서 乙씨가 투기 목적 없이 실제 거주할 목적으로 진주 주택을 소유하고 있었더라도 1세대 1주택 비과세 규정을 적용받을 수 없다.

이 시점에서 절세에 탁월한 감각이 있는 사람이라면 '절세 목적의 이혼'이 머릿속에 떠오를지도 모른다. 하지만 그런 생각은 이미 많은 사람이 해왔고, 일부는 실천하고 있었다.

이혼한 부부에 대한 1세대 구성 여부

이혼한 부부는 더 이상 법률상 부부가 아니기 때문에 동일세대를 구성하지 않는다. 이혼은 확실한 절세 전략 중의 하나인 것이다. 이렇게까지 해서 세금을 덜 내는 사람이 있을까 싶지만 의외로 적지 않은 사람들이 실행에 옮겼다. 하지만 절세 목적으로 위장 이혼을 한 부부는 실제로는 같은 집에서 살 가능성이 아주 크다. 그리고 국세청이 이 상황을 문제 삼았다.

부부가 이혼 후에도 같은 아파트에서 살고 전남편의 급여로 생활하면서, 결정적으로 집을 팔고 1년 후에 다시 결혼 신고를 한 것에 대해, 국세청은 이를 세금 회피를 위한 위장 이혼으로 보아 양도세를 추징해야 한다고 주장했다. 하지만 대법원은 '양도 당시 이혼 상태라면 부부가 각각 1세대를 구성한다고 보아야 한다'고 판단했고, 위장 이혼은 확실한 절세 수단으로 자리 잡는 것처럼 보였다.

이에 국세청은 결국 세법을 개정하여 '법률상 이혼을 했으나 생계를 같이 하는 사실결혼 배우자'도 동일한 세대로 보게 되었다. 따라서 위장 이혼은 더 이상 절세 수단으로 활용할 수 없게 되었다.

참고로 위장 이혼이 아닌 소위 사실혼 관계인 경우 동일세대로 보아야 할까? 세법 개정으로 '위장 이혼으로 인한 사실혼 배우자'는 동일세대로 보고 있지만, 국세청에서는 '자녀까지 출생하여 함께 생활하는 사실혼 관계에 있는 자라 하더라도 동일세대원으로 볼 수 없다'고 해석하고 있다.

나이가 어리고 직장 있을 때 세대 구성 여부

자녀가 나이가 어리고 결혼에도 뜻이 없을 수도 있다. 이때는 '독립된 생계를 유지하면 별도세대를 구성할 수 있다'는 위의 규정 3호에 관심을 가져볼 필요가 있다. 하지만 일단 편의점 알바 정도로는 위 요건을 만족시킬 수 없다. 즉 독립세대 요건을 만족시키기 위해서는 독립된 생계를 유지할 수 있을 정도의 '고정 수입'이 있어야 한다. 그리고 세법에서는 이를 '기준 중위소득[1]의 100분의 40 수준'으로 규정하고 있다. 자녀가 직장에 취직해서 돈을 벌면 집을 팔 때도 도움이 된다니 이거야말로 불공평해 보인다.

다만, 여기서 주의할 점은 기준 중위소득 기준만 만족한다고 해서 무조건 별도의 세대로 인정받는 것은 아니라는 것이다. 미성년자의 경우는 소득이 아무리 많아도 독립된 세대를 구성할 수 없고, 정기적인 소득 외에 소유하고 있는 주택 또는 토지를 관리·유지하면서 독립된 생계를 유지할 수 있는 능력이 인정되는 경우에만 별도세대로 인정받을 수 있다. 즉, 기준 중위소득의 100분의 40 요건은 필요조건이지 충분조건은 아니다.

이와 관련하여 판례에서 '… 甲씨는 양도 당시 만 20세에 불과한 데다가 2006. 8.경까지 대학에 재학 중이어서 위와 같은 수입만으로는 자신의 학비, 생활비 및 그녀 소유의 위 A주택을 유지·관리하기 위해 필요한 비용을 부담하면서 독립된 생계를 유지하며 생활하였다고 보기 어렵고…'라고 판시한 예가 있다.

20대 초반 기혼자의 세대 구성 여부

세대는 기본적으로 결혼을 한 부부로 구성된다. 따라서 나이가 어려도 결혼을 하면 독립세대를 구성할 수 있다. 하지만 민법에 의해 만 18세 미만인 경우 결혼을 할 수 없으므로 미성년자는 독립세대를 구성할 수 없다.

—

1 기준 중위소득이란 각종 복지 급여의 기준 등에 활용하기 위하여 매년 8. 1.에 고시하는 국민 가구소득의 중위값을 말한다. 2022. 8. 1. 고시된 1인 가구 기준 중위소득은 1,944,812원이다. 따라서 위에서 말한 고정 수입은 777,925원(=1,944,812원×40%)이다.

부모와 떨어져 사는 미혼 자녀의 세대 구성 여부

세대는 원칙적으로 부모와 자녀로 구성된다. 따라서 자녀가 학업 등의 이유로 학교 근처에서 주민등록상 주소를 옮겨 따로 살더라도 별도세대로 인정되지 않는다.

하지만 위에서 보았듯이 자녀의 나이가 30세가 되면 결혼을 하지 않아도 별도세대를 구성할 수 있다. 만일 주택을 소유한 20대 후반의 미혼 자녀가 있다면, 부모의 집을 팔기 전에 한 번 더 생각해야 한다. 집을 천천히 팔거나, 집을 꼭 팔아야 한다면 빨리 결혼을 시키거나 등등 말이다.

생계를 같이 하는 가족

1세대에 해당하기 위해서는 '생계를 같이 하는 가족'이어야 한다. 생계를 같이 하는 가족은 '일상생활에서 동일한 생활자금으로 생활하는 단위'를 의미한다. 판례에서도 생계를 같이 하는 동거가족인지의 여부는 '주민등록지가 같은가의 여하에 불구하고 현실적으로 한 세대 내에서 거주하면서 생계를 함께하고 동거하는가의 여부에 따라 판단되어야 한다'고 하고 있다.

물론 생계를 같이 하는 가족 여부를 판단함에 있어 가장 중요한 것은 같은 주소에 사는지의 여부이다. 그러나 위에서 본 바와 같이 생계를 같이 하는지는 주민등록상 주소나 동일한 공간에서 거주하는 것만을 기준으로 판단하지는 않는다. 따라서 어떤 경우에는 같은 집에 살면서도 독립된 세대로 인정받을 수도 있고, 반대로 다른 곳에 살면서도 1세대를 구성할 수도 있다.

생계를 같이 하는지에 대한 각 기관의 입장

'생계를 같이 하는지' 여부에 대한 해석과 관련하여 최근에 국세청과 조세심판원, 법원에서 미묘한 차이가 발생하고 있다. 국세청과 법원에서는 '생계를 같이 하는지'의 의미를 '일상생활에서 네 돈 내 돈을 엄격히 가리지 않고 그냥 섞어서 쓰면서 함께 생활하여(有無相通) 동일한 생활자금으로 생활하는 단위'를 의미한다고 해석하고 있고, 조세심판원에서는 '각각 독립적이고 계속적인 소득 발생 및 독립된 신용카드 사용'을 기준으로 판정하고 있는 것으로 보인다. 간단한 사례를 들어보면 다음과 같다.

1) 국세청과 법원의 사례

먼저 국세청은 주민등록등본상 아버지의 세대원으로 같은 아파트에서 거주하고 있었고, 아파트 관리비와 공과금도 6개월을 제외한 나머지 기간 동안 자녀가 전액 부담한 경우 아버지와 자녀를 독립세대로 인정하지 않았다.

2) 조세심판원의 사례

반면, 조세심판원에서는 비록 주민등록상 동일한 세대여도 자녀의 연령이 30세 이상이고 아버지뿐만 아니라 자녀에게 독립적이고 계속적으로 소득이 발생하고, 자녀가 아버지와 별도로 신용카드를 결제하는 등 부모와 자식이 현실적으로 각각의 소득으로 생활할 수 있으면 각각 독립된 세대를 구성한다고 판단하였다.

3) 같은 집에 살면서도 별도세대로 인정받으려면?

같은 주소에 살면서도 별도세대로 인정받기 위해서는 함께 사는 개개인이 독립적이고 계속적인 소득이 발생해야 하고, 생활비 즉 관리비와 공과금, 임차료 등을 매월 정산해야 한다. 그래야 국세청에서도 별도세대로 인정할 수 있을 것이다.

주택이란
무엇인가?

네이버 사전에 주택은 '사람이 들어가 살 수 있게 지은 건물'이라고 정의되어 있다. 반면 세법에서는 주택을 '허가 여부나 공부(公簿)상의 용도 구분과 관계없이 사실상 주거용으로 사용하는 건물'이라고 한다. 세법에서는 '공부(公簿)상의 용도 구분' 같은 형식이 아니라 '실제로 주거에 사용된다'는 실질이 중요하다는 사실을 강조하고 있다.

예를 들어 등기부등본이나 건축물대장 같은 공부(公簿)에 나와 있지 않은 무허가 건물의 경우에도 건물에 화장실, 부엌 등이 구비되어 있고 실제로 사람이 살고 있거나 살 수 있다면 이를 주택으로 본다. 반면, 공부(公簿)에는 주택으로 되어 있지만 장기간 사람이 살지 않아 사실상 폐가가 되었다면 이는 주택으로 볼 수 없다는 것이다.

주택의 종류

건축법상 주택에는 단독주택, 다중주택, 다가구주택, 아파트, 연립주택,

다세대주택이 있다. 이 밖에도 세법에서는 오피스텔, 도시형 생활주택, 생활형 숙박시설 등을 주택으로 보기도 한다.

1) 다가구주택

다음의 요건을 모두 갖춘 주택으로서 공동주택에 해당하지 않는 것을 다가구주택이라고 하며, 세법상 다가구주택은 독립된 거주가 가능한 각 세대를 1주택으로 보는 것이 원칙이나 전체를 일괄 양도하는 경우에는 하나의 주택을 양도한 것으로 본다. 반면에 주택으로 쓰는 층수가 4개 층 이상일 경우에는 동 주택을 공동주택인 다세대주택으로 보아 각 세대(예를 들면 101호, 102호 등)를 1주택으로 보게 되어 있다.

① 주택으로 쓰는 층수(지하층 제외)가 3개 층 이하일 것

② 1개 동의 주택으로 쓰이는 바닥면적(지하주차장 면적 제외)의 합계가 660㎡ 이하일 것

③ 19세대 이하가 거주할 수 있을 것

① 다가구주택에 옥탑방을 만들면 층수에 포함될까?

서울에 있는 다가구주택(건축물대장상 지하 1층~지상 3층)을 소유하고 있는 단독 세대인 甲씨가 옥탑을 증축하여 임대를 주고 있는 경우(옥탑 포함 전체 15세대가 거주하고 있다) 옥탑방은 추가적인 층수에 포함될까?

　단독주택인 다가구주택은 주택으로 쓰는 층수(지하층 제외)가 3개 층 이하여야만 한다. 다만, 건축법에서 옥상 위 건축물의 바닥면적 합계가

해당 건축물 건축면적의 8분의 1 이하인 경우에는 층수에 산입하지 않는다고 규정하고 있으므로 건축면적의 8분의 1을 초과하는 경우에만 주택의 층수로 산입한다.

따라서, 甲씨가 증축한 옥탑이 해당 건축면적의 8분의 1 이하라면 주택으로 쓰는 층수가 3개 층 이하인 다가구주택 양도에 해당하여 양도 당시 1세대 1주택자가 되지만, 8분의 1을 초과한다면 甲씨는 주택으로 쓰는 층수가 4개 층이 되어 다세대주택 양도에 해당하고, 양도 당시 1세대 15주택자가 된다. 다만, 불법 증축된 대부분의 옥탑방은 건축 면적의 8분의 1을 초과하므로 각별한 주의가 필요하다.

② 불법 증축된 다가구주택, 어떻게 해야 할까?

최근 주택으로 쓰는 층수(지하층은 제외)가 3개 층 이하의 다가구주택 양도에 해당한다며 1세대 1주택 비과세 신청을 하였다가, 옥탑 불법 증축이 문제되어 비과세 배제는 물론 다주택자 중과세율을 적용받게 되는 경우가 심심찮게 발생하고 있다. 이에 따라 국세청에서는 다가구주택 양도세 신고를 받으면 불법 증축된 다가구주택에 해당하는지를 중점적으로 검증하고 있다. 과세당하는 납세자 입장에서는 청천벽력 같은 일이지만 불법 증축된 다가구주택 과세에 대해서는 법원도 국세청의 손을 들어주고 있으므로 각별히 조심해야 한다.

중과를 피하기 위해서는 양도 전에 미리 준비해야 한다. 1세대 1주택 해당 여부는 양도시점을 기준으로 판단하기 때문에 매매계약 전에 불법 증축된 옥탑방을 철거하는 것이 가장 좋다. 부득이 옥탑방을 철거하기 어렵다면 옥탑방이 일상적인 주거용으로 사용되지 않아 주택으로 쓰는 층수에서 제외된다는 증거(사진, 이웃의 증언 등)를 반드시 남겨놓아야 한다.

참고로, 법원에서는 당초 주택으로 사용된 옥탑방의 취사 시설을 철거하여 양도 당시 더 이상 독립된 거주요건을 갖추지 못하였지만, 해당 옥탑방을 주거용 짐을 보관하는 장소로 사용한 경우에도 주택으로 쓰는 층수로 본 경우도 있으니 불법 증축된 부분은 원상 복구하는 것이 가장 좋은 방법 같다.

③ 필로티 구조 다가구주택

요즘 흔히 볼 수 있는 필로티의 경우 1층을 주차장으로 사용하거나 주택 외의 용도로 쓰는 경우에는 해당 층을 주택 층수에서 제외하지만, 필로티로 사용되는 1층을 주택으로 사용하는 등 불법 용도변경을 한 경우에는 1층도 주택 층수에 포함되므로 1층을 포함하여 주택으로 사용되는 층수가 3개 층 이하여야만 다가구주택에 해당한다는 점을 명심할 필요가 있다.

2) 오피스텔

오피스텔은 건축법상 일반 업무시설로 분류되기 때문에 세대별 발코니 설치, 전용면적 85㎡ 이상인 경우 바닥 난방 설치 등에 제약이 있다. 따라서 오피스텔은 실제 주거용으로 사용되는 오피스텔만 주택으로 간주된다.

실제로 지인의 소개로 오래전에 작은 오피스텔에 투자한 경우, 부모님이 자식 명의로 오피스텔에 투자한 경우 등 오피스텔의 존재 자체를 모르거나, 오피스텔이 주거용으로 사용된다는 사실을 모르며 지내는 일이 적지 않다. 문제는 국세청은 우리도 잊고 지내는 이런 사실들을 아주 정확히 알고 있고 그 사실을 주택을 양도하고 1세대 1주택 비과세 신청을 한 후에 지적한다는 점이다. 그나마 조금이라도 일찍 알려주면 다행인데 3~4년 후에 지적해서 가산세까지 물리기도 한다. 그래서 가끔은 오피스텔 가격보다 더 많은 세금이 나올 때도 있다.

일부 오피스텔 소유자 중에는 주택 수에서도 빼고, 건물분 부가세도 환급받기 위해 실제로는 주거용으로 임대를 주고도 상업용으로 신고하도록 하는 경우가 있다. 이런 경우 오피스텔에 주소를 옮기지 못하도록 임대차계약상 특약 조건을 거는 경우가 많은데, 이 경우도 실제 주거용으로 사용된 사실이 밝혀지면 주택 수에 포함된다는 사실을 알아야 한다.

(대법원 1992. 7. 24. 선고 91누12707 판결)

부가가치세 면제 대상인 주택의 임대에 해당하는지 여부는 임차인이 실제로 당해 건물을 사용한 객관적인 용도를 기준으로 하여 상시 주거용으로 사용하는 것인지 여부에 따라 판단하여야 하고, 공부상의 용도 구분이나 임대차계약서에 기재된 목적물의 용도와 임차인이 실제로 사용한 용도가 다를 경우에는 후자를 기준으로 하여 그 해당 여부를 가려야 한다.

3) 도시형 생활주택

도시형 생활주택은 도시지역에 건설하는 300세대 미만이고 국민주택 규모에 해당하는 주택을 말한다. 당초 아파트를 대신해 무주택 서민들의 실수요, 내 집 마련을 지원하기 위한 목적으로 도입되었으나 재당첨 제한이 없고, 다주택자도 분양받을 수 있어 정부의 각종 부동산 규제를 회피하기 위한 용도로 활용된 측면이 있다. 도시형 생활주택은 주택에 해당한다.

4) 생활형 숙박시설

생활형 숙박시설이란 흔히 서비스드 레지던스(Serviced Residence)라고 하며, 외국인이나 지방 발령자들을 위해 취사 시설을 갖춘 장기 투숙형 숙박시설로, 현재 전국적으로 약 3,300개가 운영되고 있는 것으로 알려져 있다. 생활형 숙박시설은 손님을 위한 서비스를 제공하는 숙박시설이므로 숙박업 등록을 해야 하고, 주거용으로 사용하는 것은 불법이다(주거 시설로 불법 전용하면 매년 시가표준액의 10%까지 이행강제금이 부과될 수 있다).

그러나 최근 수년간 생활형 숙박시설을 주거용 상품인 것처럼 홍보하는 허위·과장 광고 사례가 적지 않았고, 아파트와 생활형 숙박시설이 함께 조성된 부산의 한 단지의 경우 수분양자들이 생활형 숙박시설에 불법으로 거주하며 각종 세금 감면 혜택을 받고 있는 것으로 밝혀져 논란이 되기도 했다. 생활형 숙박시설은 원칙적으로 숙박시설이어서 주택 수에 포함되지 않지만, 불법으로 용도를 변경하여 거주한 사실이 확인될 경우 세법상 주택으로 간주된다는 점을 잊지 말아야 한다.

5) 겸용주택(상가주택)

겸용주택은 한 개의 건물 안에 주택과 상가가 함께 결합된 형태의 건물로서 2021년 이전까지는 주택 면적이 그 외의 면적보다 큰 경우, 겸용주택 전체를 주택으로 보아 1세대 1주택 비과세를 적용하였다.

하지만 12억 원이 넘는 고가 겸용주택을 2022. 1. 1. 이후 양도할 경우에는 주택에 해당되는 부분만 1세대 1주택 비과세를 받을 수 있고, 상가 부분은 양도세가 과세된다. 다행인 점은 12억 원 이하 겸용주택은 종전 규정이 그대로 적용되어 주택 면적이 그 외의 면적보다 큰 경우에는 전체를 주택으로 보아 비과세를 적용한다.

주택 수 계산

앞에서 주택의 정의, 주택의 종류에 대해 자세히 알아본 이유는 '주택 수'를 계산하기 위해서이다. 1세대 1주택 비과세뿐만 아니라, 다주택자 중과까지 각 세대가 소유한 주택 수에 따라서 세금 차이는 엄청나게 크다. 주택 수를 세는 것이 뭐가 그렇게 어려운 일이냐고 생각하는 사람도 많을 것이다. 하지만 납세자와 과세관청과의 입장 차이로 자주 불복이 제기되는 분야 중의 하나가 '주택 수'이다.

예상치 못한 주택의 존재로 인해 1세대 1주택 비과세를 받지 못하고 더 나아가 1세대 2주택 중과까지 당하게 된 사람들은 어쩌면 나머지 한 채를 부숴버리고 싶을지도 모른다. 그런데 이미 때는 늦었다. 그러니 주택 수를 평소에 잘 파악해 놓고 있어야 한다. 참고로 주택 수 계산을 위해서 세법보다 중요한 것은 세대원 간(특히 부부간)에 비밀이 없어야 한다는 사실이다. 혹시 배우자 몰래 부동산 투자를 해놓은 것이 있다면 집을 팔기 전에 꼭 알려야 한다.

1) 일시적으로 주거가 아닌 다른 용도로 사용되는 경우

주택을 일시적으로 상가, 창고 등 주거가 아닌 다른 용도로 사용하는 경우가 있다. 이런 경우 판례에서는 '그 구조·기능이나 시설 등이 주거용에 적합한 상태에 있고 주거 기능이 그대로 유지·관리되고 있어 언제든지 주택으로 사용할 수 있는 건물의 경우'에는 이를 주택으로 보고 있다.

앞에서 공부(公簿)상의 용도 구분 같은 형식이 아니라 실질이 중요하다고 했다. 하지만 건축물관리대장 등 공부상 주택으로 되어 있으나 사실상 상가 또는 사무실 등으로 사용하였으므로 주택에 해당하지 않는다고 주장하려면 양도일 현재 해당 건물이 주거용으로 사용되지 않은 것과 향후 주거용으로 사용할 수 없다는 점을 납세자가 입증해야 한다(물론 반대의 경우에는 과세관청에 입증해야 한다). 즉 공부상 용도 구분은 절대적인 것은 아니지만 주택 여부 판단의 출발점이 되는 중요한 사실이고 용도가 불분명할 경우에는 공부상 용도로 사용된다고 추정한다는 점을 기억하자.

2) 조합원입주권과 분양권도 주택에 포함해 계산

세법에서는 현재 주거에 사용하는 주택뿐만 아니라, 향후 주택을 취득할 수 있는 권리인 조합원입주권과 분양권도 주택에 포함하여 계산한다.

조합원입주권은 구주택이 신주택으로 변하는 과도기에 있는 것으로 현재는 주택이 아니지만 사실상 주택의 연장(환지처분)으로 보기 때문에 주택에 포함하는 것이고(입주권은 2006. 1. 1. 이후 취득분부터 주택에 포함한다), 분양권 역시 시간이 경과함에 따라 주택으로 변하는 것이 예정된 권리이므로 분양권을 이용한 투기목적의 거래를 방지할 목적으로 주택 수 계산에 분양권을 포함하였다(분양권은 2021. 1. 1. 이후 취득분부터 주택에 포함한다).

① 조합원입주권 변환시기

조합원입주권은 「도시 및 주거환경정비법」에 따른 관리처분계획의 인가 및 「빈집 및 소규모주택 정비에 관한 특례법」에 따른 사업시행계획인가에 의하여 취득하기 때문에 관리처분계획인가일 및 사업시행계획인가일에 조합원입주권으로 변환된다.

도정법에 따른 재건축사업 또는 재개발사업의 조합원입주권 변환시기

조합설립 인가	사업시행 계획인가	관리처분 계획인가	철거 (공사)	준공 (사용승인)	이전고시

구주택　　　　　　　　조합원입주권　　　　　　　신주택

빈소법에 따른 사업의 조합원입주권 변환시기

조합설립 인가	사업시행 계획인가	관리처분 계획인가	철거 (공사)	준공 (사용승인)	이전고시

구주택　　　　　　　　조합원입주권　　　　　　　신주택

3) 공동으로 소유한 주택

1주택을 여러 사람이 공동으로 소유한 경우에는 개개인이 각 1주택을 소유하는 것으로 본다. 다만, 상속으로 인하여 공동소유한 경우에는 우선상속인의 주택으로 본다. 따라서 상속으로 주택의 소수지분만을 보유한 경우에는 1세대 1주택 비과세 판정 시 주택 수에서 제외된다.

4) 주택과 주택 부수토지 소유자가 다른 경우

주택과 주택 부수토지의 소유자가 다른 경우에는 주택의 소유자만 1주택을 소유한 것으로 보고, 부수토지의 소유자는 주택의 소유자로 간주하지 않는다.

5) 상속받은 주택

① 피상속인이 주택을 한 채만 남긴 경우

앞에서 보았듯 상속으로 인하여 주택을 공동소유한 경우에는 우선상속인의 주택으로 보며, 우선상속인은 아래 순서에 따라 결정된다.

ㄱ. 상속지분이 큰 상속인

ㄴ. 상속주택에 거주하는 자

ㄷ. 최연장자

'주택에 대한 비과세-1세대 2주택' 편에서 살펴보겠지만, 상속받은 주택과 일반주택(상속개시일 현재 보유하고 있던 주택에 한한다)을 보유하던 1세대가 일반주택을 양도하는 경우에 상속받은 주택은 주택 수에서 제외된다.

② 피상속인이 주택을 2채 이상 남긴 경우

피상속인이 상속개시 당시 2주택 이상을 보유하고 있는 경우에는 상속받은 여러 주택 중 1개의 주택(선순위 상속주택)에만 상속주택 특례가 적용된다. 선순위 상속주택의 판정은 아래 순서에 의한다.

ㄱ. 피상속인의 소유기간이 가장 긴 주택

ㄴ. 피상속인이 거주한 기간이 가장 긴 주택

ㄷ. 피상속인이 상속개시 당시 거주한 주택

ㄹ. 기준시가가 가장 높은 주택

ㅁ. 상속인이 선택한 주택

만일 피상속인이 상속개시 당시 주택 3채를 보유하였다고 가정하자. 이때 선순위 상속주택 1채는 우선상속인의 소유로 보고, 소수지분 상속인의 주택으로 보지 않는다. 하지만 나머지 상속주택 2채는 공동으로 소유한 주택과 같이 취급되므로 우선상속인과 소수지분 상속인 모두 별도의 주택으로 계산해야 한다.

6) 폐가인 주택

주택이 기본적인 구조나 기능 등에서 사실상 주거로서의 기능을 상실한 경우에는 폐가(廢家)에 해당하며 세법상 주택에 해당하지 않는다. 판례에서는 비록 사람이 살지 않아 상당 정도 노후화가 진행되고 있었다 하더라도, 언제든지 수리만 한다면 주택으로 사용할 수 있는 상태에 있으면 주택으로 보고 있으나, 건물이 노후되어 사실상 주거로서의 기능을 상실한 경우에는 폐가로 보아 주택에 해당하지 않는다고 보고 있다.

그런데 애매하게 폐가인 것 같기도 하고, 아닌 것 같기도 하면 어떨까? 만일 그 주택 때문에 1세대 1주택 비과세를 적용받지 못할 위험이 있을 때 가장 확실한 방법은 주택을 부수는 것이다. 주택을 멸실시키면 더 이상 폐가 여부를 따질 필요도 없어지기 때문이다. 앞서 보았던 오피스텔의 경우처럼 허름한 건물 때문에 내지 않아도 되는 세금을 내는 일은 미리미리 방지해야 할 것이다.

1세대 1주택 비과세 요건

지금까지 1세대 1주택에 대해 알아보았는데, 사실 우리의 관심사는 1세대 1주택이 아닌 '비과세'이다. 이제 어떤 요건을 갖춰야 1세대 1주택 비과세를 받을 수 있는지 알아보자.

보유기간 요건

1세대 1주택 비과세를 적용받기 위해서는 해당 주택을 2년 이상 보유해야 한다.

다만, 2021. 1. 1.~2022. 5. 9. 사이에 양도하는 주택의 경우 다주택자가 최종적으로 1주택만 보유하게 된 날부터 보유 및 거주 기간을 계산하는 것으로 비과세 보유요건이 강화되었다.

하지만 세법이 다시 개정되어 2022. 5. 10. 이후 양도분부터는 최종 1주택 여부를 따지지 않고 2년 이상 보유하면 비과세를 적용받을 수 있게 되었다.

거주기간 요건

과거부터 1세대 1주택 비과세 규정을 적용받기 위해서는 2년 보유요건을 충족해야 했다. 주택을 구입한 후 바로 팔면 투기성이 강하다고 본 것이다. 하지만 자금력이 충분한 사람은 2년 보유요건을 충족시키면서도 얼마든지 주택으로 돈을 벌 수 있었다. 하지만 참여정부 때 주택 가격이 폭등하자 1세대 1주택 비과세 요건에 '2년 거주' 요건을 추가했다. 이에 따라 주택 투자로 돈을 벌기 위해서는 자금력과 함께 이사의 불편함(또는 위장 전입의 위험)을 감수해야 했다. 비록 '조정대상지역'이라는 일부 지역이지만.

1) 거주기간 요건 계산 기준일은 '취득시점'

거주기간 요건을 계산할 때는 양도시점이 아닌 취득시점을 기준으로 한다. 즉 주택이 취득 당시에 조정대상지역에 있는 경우에만 2년 이상 거주요건이 적용된다.

따라서 취득 당시에는 비조정대상지역에 있었는데 양도시점에 조정대상지역에 있다면 2년 이상 거주하지 않아도 2년 이상 보유만 한다면 1세대 1주택 비과세를 적용받을 수 있다. 반대로 취득 당시에는 조정대상지역에 있었다면 양도시점에서 조정대상지역이 해제되었더라도 2년 이상 거주해야 1세대 1주택 비과세를 적용받을 수 있다.

2) 조정대상지역 해당 여부 판단은 매매계약 체결일 기준

일반적으로 세법상 부동산 취득일은 잔금청산일로 본다. 그런데 매매계약 체결 당시에는 조정대상지역으로 지정되지 않았는데 잔금을 청산하는 날에는 조정대상지역으로 지정된 경우에도 2년 이상 거주요건을 충족해야 할까?

조정대상지역 공고가 있는 날 이전에 매매계약을 체결하고, 계약금을 지급한 사실이 증빙서류에 의하여 확인되는 경우에는 2년 이상 거주요건을 적용받지 않는다. 단, 반드시 계약금 전부를 지급해야 하고, 가계약금만 지급한 것은 계약 체결로 인정되지 않는다. 또한, 매수인은 계약금 지급일 현재 무주택자여야만 한다.

예를 들어 무주택 甲씨가 서울의 甲아파트(서울은 2017. 8. 3.부터 조정대상지역이다)를 2016. 8. 1.에 분양계약을 체결하였고, 분양 잔금을 2018. 8. 1.에 청산한 후, 2022. 8. 1.에 양도하였다고 가정하자. 이 경우 甲씨는 비록 취득시점(2018. 8. 1.)에 조정대상지역 내에 소재한 주택을 취득하였지만, 조정대상지역의 공고가 있는 날(2017. 8. 2.) 이전에 매매계약을 체결하고 계약금을 지급(2016. 8. 1.)한 사실이 증빙서류에 의하여 확인되는 경우로서 甲씨가 속한 1세대가 계약금 지급일 현재 주택을 보유하지 않는 경우에 해당하므로 2년 이상 거주 요건을 적용받지 않는다.

3) 2년 이상 보유 또는 2년 이상 거주기간 요건의 예외

1세대 1주택 비과세의 기본 요건은 2년 이상 보유 및 2년 이상 거주(조정대상지역 내)이다. 다만, 투기 목적 없이 불가피하게 주택을 양도하는 경우에는 예외적으로 기본 요건을 충족하지 못해도 비과세를 인정하는 경우가 있다. 2년 이상 보유 및 거주 요건이 모두 배제되는 경우는 아래와 같다.

① 민간건설임대주택이나 공공건설임대주택(또는 공공매입임대주택)을 취득하여 양도하는 경우. 단, 해당 임대주택의 임차일부터 양도일까지의 기간 중 세대 전원이 거주한 기간이 5년 이상이어야 한다.

② 주택 및 그 부수 토지의 전부 또는 일부가 「공익사업을 위한 토지 등의 취득 및 보상에 관한 법률」 등에 의해 협의매수, 수용되는 경우

③ 「해외이주법」에 따른 해외 이주로 세대 전원이 출국하는 경우. 다만, 출국일 현재 1주택만을 보유하고 있어야 하고, 출국일부터 2년 이내에 양도해야 한다.

④ 1년 이상 계속하여 국외 거주를 필요로 하는 취학 또는 근무상의 형편으로 세대 전원이 출국하는 경우. 다만, 출국일 현재 1주택만을 보유해야 하고, 출국일부터 2년 이내에 양도해야 한다.

⑤ 1년 이상 거주한 주택을 취학, 근무상의 형편, 질병의 요양, 그 밖에 부득이한 사유로 양도하는 경우

4) 거주기간 또는 보유기간 통산

거주기간이나 보유기간을 계산할 때 동일 주택에 한하여 취득 이후의 거주기간이나 보유기간을 통합하여 계산한다. 그러나 아래의 경우에는 동일 주택이 아니거나 또는 취득 이전의 거주기간 또는 보유기간이라도 기간 계산에 통산한다.

① 거주하거나 보유하는 중에 소실·무너짐·노후 등으로 인하여 멸실되어 재건축한 주택인 경우에는 그 멸실된 주택과 재건축한 주택에 대한 거주기간 및 보유기간을 통산한다.

② 비거주자가 해당 주택을 3년 이상 계속 보유하고 그 주택에서 거주한 상태로 거주자로 전환된 경우에는 해당 주택에 대한 거주기간 및 보유기간을 통산한다.

③ 상속받은 주택으로서 상속인과 피상속인이 상속개시 당시 동일세대

인 경우에는 상속개시 전에 상속인과 피상속인이 동일세대로서 거주하고 보유한 기간을 통산한다.

④ 취득 당시에 조정대상지역에 있는 주택으로서 공동상속주택의 소수지분권자의 거주기간은 공동상속주택을 소유한 것으로 보는 사람(우선상속인)이 거주한 기간으로 본다.

거주자에게만 적용되는 1세대 1주택 비과세

1세대 1주택 비과세 제도는 '거주자'에게만 적용된다. 그리고 세법에서는 거주자를 '국내에 주소를 두거나 183일 이상의 거소를 둔 개인'이라고 정의하고 있다. 쉽게 말해서 '한국에 실제로 사는 사람'이 거주자이다. 1세대 1주택 비과세 제도는 왜 한국에 사는 사람에게만 적용될까?

국민의 주거생활 안정과 거주이전의 자유 보장

대법원 판례에서는 1세대 1주택 비과세 제도 도입의 취지를 '국민의 주거생활의 안정과 거주이전의 자유를 보장'이라고 설명하고 있다. 예를 들어 甲씨가 이사를 가기 위해서 5억 원에 산 집을 10억 원에 팔았다고 가정하자. 甲씨가 5억 원의 양도차익에 대해 세금 1억 원을 납부했다면 甲씨는 새 집을 살 때 9억 원 이하의 집을 살 수밖에 없다. 결국 甲씨는 원래의 집보다 싼 집에서 살 수밖에 없으므로 甲씨의 주거환경은 그만큼 나빠진다.

주거환경이 나빠질 것을 우려한 사람들은 집을 팔고 새집으로 이사하는 것을 주저할 수 있으므로 거주이전의 자유도 일정 부분 제한되는 결과를 가져온다. 반면에 1세대 1주택에 대해 비과세를 하게 되면 주거환경은 그대로 유지되고 거주이전의 자유도 보장된다.

세법에서 말하는 거주자가 '한국에서 실제로 사는' 사람이라면 당연히 비거주자는 '한국에서 실제로 살지 않는' 사람이다. 비거주자는 한국에서 살지 않기 때문에 한국에 있는 집을 팔더라도 한국에서 거주를 위해 집을 다시 살 필요가 없다. 따라서 양도차익에서 세금을 떼어가더라도 주거환경에 영향을 주지 않는다. 물론 투자 목적으로 새로 집을 살수는 있지만 투자 행위까지 비과세를 적용해 줄 필요는 없을 것이다.

비거주자에 대한 세법상 불이익

세법에서는 '한국에서 살지 않는' 비거주자에게 1세대 1주택 비과세 혜택을 주지 않고, 같은 이유로 비거주자에게는 1조합원입주권 특례 및 고가주택 1세대 1주택자에게 적용되는 최고 80%의 장특공제도 적용하지 않는다. 또한 종합부동산세와 관련하여 1세대 1주택자에게 적용되는 11억 원 공제와 보유기간 및 연령에 따른 세액공제(최고 80%)도 적용되지 않는다.

세법에서 보는 거주자의 기준

앞에서 보았듯이 국내에 주소를 두고 있거나 183일 이상의 거소를 두었으면 원칙적으로 거주자에 해당된다. 그런데 이것으로 충분할까?

1) 주민등록법상 주소를 두고 183일 요건만 충족하면 될까?

보통 어떤 규정이 숫자로 표현되어 있으면 대부분 논란의 여지가 없을 것으로 생각한다. 그래서 많은 사람들이 세법의 '183일 규정'을 금과옥조처럼 여긴다. 게다가 「주민등록법」이라는 법령에 정해진 주소까지 두고 있다면 더 이상 걱정거리가 없을 것이라며 안심한다. 하지만 세법은 형식보다 실질을 중요시한다.

예를 들어 미국 시민권자인 甲씨는 국내에 있는 주택을 팔기 전에 세법상 거주자 요건을 충족시키기 위해 국내에 「주민등록법」상 주소를 두고 1년 이상 거주하였다. 과연 甲씨는 1세대 1주택 비과세 판정 시 거주자에 해당할까?

세법은 주소에 대해 '국내에서 생계를 같이 하는 가족 및 국내에 소재하는 자산의 유무 등 생활관계의 객관적 사실에 따라 판정한다'고 규정하고 있다. 따라서 甲씨가 단순히 국내에 주민등록을 두고 1년에 183일 이상을 거주하고 있어도 생계를 같이 하는 가족들이 외국에 살고, 재산도 주로 외국에 있으며, 한국에서 특별한 경제활동을 하지 않는 등의 경우에는 거주자로 인정하지 않는다.

국내에 주소를 두었을 때 거주자 판정 여부

국내에 주소를 두었다는 사실을 인정받는 것이 생각보다 쉽지 않다는 사실을 알았을 것이다. 그렇다면 「소득세법」상 주소나 183일 이상의 거소를 가지고 있으면 당연히 거주자에 해당할까?

예를 들어 외국 시민권자인 乙씨는 한국에서 직장에 다니기 위해 국내에 「주민등록법」상 주소를 두고 1년 이상 거주하였다. 국내에 살면서 직장까지 다닌 乙씨는 당연히 거주자에 해당할까?

1) 이중 거주자

乙씨는 '계속하여 183일 이상 국내에 거주할 것을 통상 필요로 하는 직업'을 가진 경우에 해당하여 한국 「소득세법」상 거주자에 해당한다. 그런데 한국 「소득세법」상 거주자에 해당되는 동시에 외국 세법에 의해 외국 거주자에도 해당되는 경우가 있다. 이를 이중 거주자라 하는데, 이중 거주자의 경우 어느 나라의 거주자로 볼 것인지, 즉 어느 나라의 세법이 우선 적용되는지를 판단해야 한다.

만일 외국 거주자로 판정되어 외국 세법이 우선 적용된다면 우리나라 「소득세법」상 거주자라 하더라도 비거주자로 취급되어 1세대 1주택 비과세 규정을 적용할 수 없다.

이중 거주자에 해당할 경우 우리나라와 상대방 국가와의 조세조약을 검토하여 어느 나라의 거주자로 보아야 하는지 판단한다. 조세조약의 해석은 통상적으로 OECD 모델 조세조약 주석서를 참고하며 아래의 순서에 따라 우리나라 거주자인지, 상대방 국가의 거주자(즉 우리나라 비거주자)인지 여부를 판단한다.

① 항구적 주거(Permanent Home)
② 인적 및 경제적 관계가 가장 밀접한 체약국(중대한 이해관계의 중심지)

③ 일상적 거소(Habitual Abode)

④ 시민(Citizen)

⑤ 상호합의

비거주자에 대한 1세대 1주택 비과세 특례

다만 불가피하게 해외로 이주하는 경우에는 양도 당시 비거주자라도 1세대 1주택 비과세를 적용받을 수 있다. 「해외이주법」에 따른 해외 이주로 세대 전원이 출국하는 경우 또는 1년 이상 계속하여 국외 거주를 필요로 하는 취학 또는 근무상의 형편으로 세대 전원이 출국하는 경우가 그것이다.

더욱이 위의 경우에는 2년 이상 보유 또는 2년 이상 거주(취득 당시 조정대상지역 내에 있는 주택)요건도 적용되지 않는다. 다만, 출국일 현재 1주택을 보유하고 있는 경우로서 출국일부터 2년 이내에 당해 주택을 양도해야만 비과세를 적용받을 수 있다.

1) 해외 이주 시 1세대 1주택 비과세 적용 여부

甲씨 가족은 해외 이주로 2019. 9. 31.에 세대 전원이 미국으로 출국하였다. 이후 2020. 10. 1.에 세대 전원이 영주권을 취득하였고, 甲씨는 출국일로부터 2년이 지난 2022. 9. 1.에 A주택을 양도하였다. 이 경우 甲씨는 해외 이주에 따른 1세대 1주택 비과세 규정을 적용받을 수 있을까?

'18. 1. 1. A주택	'19. 9. 31.	'20. 10. 1.	'22. 9. 1. 강남주택
▲	‖	‖	▽
취득	인천공항 출국	영주권 취득	양도

「소득세법」에서 「해외이주법」에 따른 현지 이주의 경우 출국일을 '영주권 또는 그에 준하는 장기 체류 자격을 취득한 날'로 규정하고 있다. '인천공항에서 출국한 날'이 출국일이 아니라는 사실에 주의해야 한다. 甲씨의 경우 A주택 양도일이 인천공항 출국일 기준으로는 2년이 지났지만, 영주권 취득일 기준으로는 2년이 경과하지 않았다. 따라서 甲씨는 출국일(=영주권 취득일인 2020. 10. 1.)로부터 2년이 지나기 전에 1주택을 양도한 경우에 해당하여 1세대 1주택 비과세 규정을 적용받을 수 있다.

거주자 여부 확인의 중요성

거주자 판단 문제는 외국과의 과세권 문제가 얽혀 있어 세법에서도 아주 어려운 분야에 속한다. 따라서 내용을 모두 이해할 필요는 없다. 대신 '외국 시민권자 또는 외국에 거주하는 경우에는 1세대 1주택 비과세 규정이 적용되지 않을 수 있으니 조심하고 전문가의 도움을 받자'라는 정도만 기억해도 충분할 것이다.

거주자에 대한 Q&A

1. 비거주자가 몇 년 동안 국내에 거주하면 거주자가 되나요?

거주기간에 따라 거주자 여부를 판정하는 것은 아니다. 일단 「소득세법」상 주소가 있는지를 먼저 살펴보고, 주소가 있다면 혹시 이중 거주자가 아닌지 검토한 후 이중 거주자라면 조세조약에 따라 어느 나라의 거주자로 볼 것인지를 판정해야 한다.

2. 비거주자가 거주자로 되는 시기가 있나요?

비거주자가 거주자로 되는 시기는 국내에 주소를 둔 날 또는 계속하여 183일 이상 국내에 거주할 것을 통상 필요로 하는 직업을 가진 때, 국내에 생계를 같이 하는 가족이 있고 그 직업 및 자산 상태에 비추어 계속하여 183일 이상 국내에 거주할 것으로 인정되는 때이다.

3. 거주자가 비거주자로 되는 시기가 있나요?

「소득세법」에서 규정하고 있는 '거주자가 주소 또는 거소의 국외 이전을 위하여 출국한 경우이거나, 계속하여 1년 이상 국외에 거주할 것을 통상 필요로 하는 직업을 가진 때'가 거주자가 비거주자가 되는 시기이다.

동일세대원으로부터 상속받은 주택의 1세대 1주택 판정

별도세대로부터 상속받은 주택을 양도하는 경우 상속이 개시된 날부터 2년 이상 보유하고 조정대상지역 내에 있다면 2년 이상 거주까지 해야 1세대 1주택 비과세를 적용받을 수 있다.

그러나 동일세대원으로부터 상속받은 주택의 경우에는 1세대 1주택 비과세 여부를 판정할 때 상속인과 피상속인이 동일세대로서 주택을 보유·거주한 기간과 상속개시 이후 상속인이 보유·거주한 기간을 통산할 수 있다.

Q 아버지와 동일세대로 함께 거주하던 甲씨는 2021. 2. 1.에 아버지로부터 조정대상지역 내에 있는 A주택을 상속받았다. 이후 A주택을 2022. 12. 31.에 양도할 경우 1세대 1주택 비과세 적용이 가능할까?

'05. 1. 31. A주택	'21. 2. 1. A주택	'22. 12. 31. A주택
▲	▲	▽
취득(아버지)	상속 취득(甲)	양도(비과세?)

A 1세대 1주택 비과세 여부를 판정함에 있어서 동일세대로부터 상속받은 주택의 경우 상속인과 피상속인이 동일세대로서 주택을 보유한 기간과 상속개시 이후 상속인이 보유한 기간을 통산한다.

따라서 위 사례의 경우 甲씨는 A주택을 2년 이상 보유 및 거주하였으므로 1세대 1주택 비과세 적용이 가능하다.

실무

1세대 1주택 비과세 판정 시 노후화된 주택을 멸실하고 신축한 후 양도하는 경우

1세대 1주택 비과세 규정 적용 시 노후로 인하여 멸실하고 재건축한 경우, 주택의 거주기간 및 보유기간은 멸실된 주택과 재건축한 주택의 기간을 통산하여 계산한다.

Q 甲씨는 1988. 1. 31.에 취득한 A주택이 노후화되어 2020. 6. 1.에 멸실하고 2021. 6. 1.에 새로운 A⁺주택을 신축·취득하였다. 이후 신축한 A⁺주택을 2022. 12. 31.에 양도한 경우 1세대 1주택 비과세 적용이 가능할까?

'88. 1. 31. A주택	'20. 6. 1. A주택	'21. 6. 1. A⁺주택	'22. 12. 31. A⁺주택
▲	▽	▲	▽
취득	멸실	신축	양도(비과세?)

A 1세대 1주택 비과세 규정 적용 시 주택에 거주하거나 보유하는 중에 노후로 인하여 기존 주택을 멸실하고 재건축한 경우, 주택의 거주기간 및 보유기간은 그 멸실된 주택과 재건축한 기간 및 신축 후 거주 및 보유한 기간을 통산하여 계산한다.

따라서 위 사례의 경우 A⁺주택의 보유기간은 1988. 1. 31.부터 계산하는 것이므로 1세대 1주택 비과세 적용이 가능하다.

취학 등 부득이한 사유로 이사 가는 경우 1세대 1주택 비과세 판정

1세대 1주택자가 취학 등 부득이한 사유로 다른 시·군으로 주거를 이전함에 따라 1년 이상 거주한 주택을 양도하는 경우에는 1세대 1주택 비과세 규정을 적용함에 있어 그 보유기간 및 거주기간의 제한을 받지 않는다.

Q 甲씨 가족은 2021. 1. 31.에 서울의 A주택을 취득하여 거주하던 중 자녀가 세종시 소재 고등학교에 입학하여 세종시로 세대 전원이 이사함에 따라 부득이하게 서울의 A주택을 2022. 12. 31.에 양도하였다. 양도주택 보유·거주 기간이 2년 미만인 甲씨가 1세대 1주택 비과세 적용을 받을 수 있을까?

'21. 1. 31. A주택	'22. 2. 28. 부득이한 사유	'22. 3. 1. 세종으로 이사	'22. 12. 31. A주택
▲	‖	‖	▽
취득(거주)	자녀 고등학교 입학	세대 전원	양도(비과세?)

A 2017. 8. 3. 이후 조정대상지역에 소재한 주택을 취득한 경우에는 2년 이상 보유 및 거주해야 1세대 1주택 비과세 적용이 가능하다.

그러나 1개의 주택을 소유한 1세대가 해당 주택에서 1년 이상 거주한 상태에서 자녀의 취학(초등학교나 중학교 취학은 제외된다), 직장의 변경이나 전근 등 부득이한 사유로 세대 전원이 다른 시·군으로 주거를 이전함에 따라 해당 1주택을 양도하는 경우에는 1세대 1주택 비과세 규정을 적용함에 있어 보유 및 거주기한의 제한을 받지 않는다.

따라서 위 사례의 경우 1년 이상 거주한 A주택을 양도하였으므로 1세대 1주택 비과세 적용이 가능하다.

세대 전원이 출국으로 2년 미만 보유한 주택을 양도하는 경우 1세대 1주택 비과세 판정

국내에 1주택을 소유한 거주자인 1세대가 1년 이상 계속하여 국외거주를 필요로 하는 취학 또는 근무를 위해 세대 전원이 출국한 경우로서 출국일부터 2년 이내에 보유하고 있던 1주택을 양도하는 경우에는 1세대 1주택 비과세 규정을 적용함에 있어 그 보유 및 거주 기간의 제한을 받지 않는다.

Q 甲씨 가족은 2021. 1. 31.에 서울의 A주택을 취득하여 거주하던 중 甲씨가 해외에 소재한 외국 회사에 취업하여, 세대 전원이 2022. 3. 1.에 출국하고 부득이하게 서울의 A주택을 2022. 12. 31.에 양도하였다. 양도주택 보유·거주 기간이 2년 미만인 甲씨가 1세대 1주택 비과세 적용을 받을 수 있을까?

'21. 1. 31. A주택	'22. 2. 15. 부득이한 사유	'22. 3. 1. 출국	'22. 12. 31. A주택
▲	‖	‖	▽
취득(거주)	외국 회사 취업	세대 전원	양도(비과세?)

A 국내에 1주택을 보유한 1세대가 1년 이상 계속하여 국외거주를 필요로 하는 취학 또는 근무상의 형편으로 세대 전원이 출국한 상태에서 국내의 1주택을 양도하는 경우로서 양도일 현재 다른 주택을 소유하지 않은 경우에는 보유 및 거주 기간에 제한 없이 1세대 1주택 비과세 적용이 가능하다.

다만, 출국일 현재 1주택을 보유하고 있는 경우로서 출국일로부터 2년 이내에 양도하는 경우에만 적용되고 세대 전원이 출국하기 전에 양도하는 경우에는 특례규정이 적용되지 않으니 주의해야 한다. 위 사례의 경우 세대 전원의 출국일로부터 2년 이내에 A주택을 양도하였으므로 1세대 1주택 비과세 적용이 가능하다.

2017. 8. 2. 이전에 취득한 조정대상지역 내 주택을 재건축하는 경우

2017. 8. 3. 이후에 조정대상지역에 소재한 주택을 취득하는 경우는 2년 이상 거주해야 1세대 1주택 비과세 적용이 가능하나, 2017. 8. 2. 이전에 취득한 주택을 재건축하여 2017. 8. 3. 이후 준공한 경우에는 1세대 1주택 비과세 판단 시 거주요건을 적용하지 않는다.

Q 甲씨는 2015. 1. 31.에 서울의 A주택을 취득하여 거주하던 중 주택이 노후화되어 이를 멸실하고 재건축을 진행하여 2021. 3. 1.에 A⁺주택을 취득(준공)하였다. 이후 A⁺주택을 2022. 12. 31.에 양도하였다면 1세대 1주택 비과세 적용을 받을 수 있을까?

'15. 1. 31. A주택	'20. 2. 15. A주택	'21. 3. 1. A⁺주택	'22. 12. 31. A⁺주택
▲	▽	▲	▽
취득(거주)	멸실	재건축(준공)	양도(비과세?)

A 2017. 8. 2. 이전에 취득한 주택을 신축할 목적으로 멸실하고 2017. 8. 3. 이후 신축한 경우로서, 신축한 주택의 취득시기는 기존주택의 취득일이므로 1세대 1주택 비과세 판정 시 거주기간 요건을 적용하지 않는다.
따라서 위 사례의 경우 1세대 1주택 비과세 적용이 가능하다.

1세대 1주택 비과세 요건 강화
(최종 1주택)

<이번 장을 읽기 전에 알아둬야 할 점>

이번 장에서 설명하는 최종 1주택에 대한 내용은 2022. 5. 10. 세법령이 개정되어 2022. 5. 10. 이후 주택을 양도하면 더 이상 최종 1주택 규정이 적용되지 않는다.

따라서 주택을 양도한 날이 2022. 5. 10. 이후이거나 아직 주택을 양도하지 않았다면 이번 장은 더 읽어볼 필요 없이 다음 장으로 넘어갈 바란다.

하지만 만일 주택을 양도한 날이 2021. 1. 1.부터 2022. 5. 9. 사이에 있다면 이번 장을 정독해 볼 것을 권한다. 관련 규정이 매우 어려워 양도세 신고를 잘못할 가능성이 크기 때문이다.

다주택자 甲씨가 다른 주택을 모두 매각하고 2021. 12. 31.부터는 1주택만 보유하게 되었다고 하자. 이제 甲씨는 1세대 1주택자가 되었고 주택을 매각하려고 한다. 甲씨는 자신의 주택을 10년 전에 구입하여 계속 살고 있었기 때문에 당연히 1세대 1주택 비과세 요건을 충족한다고 생각했다.

2021. 1. 1. 이전에는 다주택자가 다른 주택을 모두 매각하고 최종적으로 1주택만 보유한 후 그 최종 1주택을 매각할 때, 그 1주택의 취득시점부터 보유 및 거주 기간을 계산하여 1세대 1주택 비과세를 적용하였다.

그러나 2021. 1. 1.~2022. 5. 9. 사이에 주택을 매각할 경우에는 다주택을 보유한 기간은 제외하고 최종적으로 1주택만 보유하게 된 날로부터 보유 및 거주 기간을 계산하여 1세대 1주택 비과세를 적용한다. 즉 최종 1주택이 된 시점에서 보유 및 거주 기간이 초기화(Reset)된다. 따라서 甲씨는 2021. 12. 31.부터 보유 및 거주 기간 2년이 다시 시작된다. 좀 복잡하게 느껴질 수도 있지만 아래 내용을 찬찬히 따라가면서 최종 1주택 규정[1]을 이해해 보자.

2021. 1. 1. 현재 2주택 이상 보유자의 경우

① 다주택자였던 甲씨는 서울 소재 B주택에서 취득시점부터 거주하였다. 이후 2015. 1. 1.에 매수한 A주택을 2020. 12. 30.에 매도하고 최종 1주택자가 되었다. 甲씨가 B주택을 2022. 1. 2.(2021. 1. 1.~2022. 5. 9. 사이)에 양도할 경우 1세대 1주택 비과세가 적용될까?

---

1 다만, 최종 1주택 규정은 장특공제 등 다른 세법 규정에는 적용되지 않고 오직 1세대 1주택 비과세를 판단할 때만 적용된다는 점에 주의하자.

'15. 1. 1. A주택	'16. 1. 1. B주택	'20. 12. 30. A주택	'21. 1. 1.	'22. 1. 2. B주택
취득	취득	양도(과세)	기준일자	양도(비과세?)

甲씨는 2021. 1. 1. 현재 1주택자에 해당하므로 1세대 1주택 비과세 최종 1주택 규정이 적용되지 않는다. 따라서 B주택 취득일인 2016. 1. 1.을 기준으로 보유 및 거주 기간을 계산하기 때문에 비과세 규정이 적용된다.

② 앞의 사례 ①과는 달리 A주택의 양도시점이 2021. 1. 1. 이후라면 결과가 어떻게 달라지는지 알아보자.

다주택자였던 甲씨는 서울 소재 B주택에서 취득시점부터 거주하였다. 이후 2015. 1. 1에 매수한 A주택을 2022. 1. 30에 매도하고 최종 1주택자가 되었다. 甲씨가 B주택을 2022. 5. 1에 양도할 경우 1세대 1주택 비과세가 적용될까?

'15. 1. 1. A주택	'16. 1. 1. B주택	'21. 1. 1.	'22. 1. 30. A주택	'22. 5. 1. B주택
취득	취득	기준일자	양도(과세)	양도(비과세?)

甲씨는 2021. 1. 1. 현재 2주택자에 해당하고 양도일이 최종 1주택 적용기간인 2021. 1. 1. ~ 2022. 5. 9. 사이에 있으므로 1세대 1주택 비과세

최종 1주택 규정이 적용된다. 따라서 B주택 취득일(2016. 1. 1.)이 아닌 A
주택 양도일(최종 1주택 되는 날)을 기준으로 보유 및 거주 기간을 산정한
다. 결국 B주택의 보유 및 거주 기간은 2022. 1. 30.~2022. 5. 1.로 2년
이상 보유 및 거주 요건을 충족하지 못하였으므로 1세대 1주택 비과세
가 적용될 수 없다.

2021. 1. 1. 이후 다주택자가 된 경우

2021. 1. 1. 현재 무주택 혹은 1주택자라 하더라도 2021. 1. 1. 이후 주택
을 새로이 취득하여 2주택 이상자가 되었다면 최종 1주택 규정이 적용된
다. 사례로 알아보자.

　1주택자인 甲씨는 조정대상지역 내에 소재한 A주택을 2015. 1. 1. 취득
한 후 계속 거주하였다. 이후 2021. 3. 30. B주택을 취득하여 2주택자가 되
었다가 2022. 1. 1에 B주택을 양도하여 다시 최종 1주택자가 되었다. 甲씨
가 A주택을 2022. 5. 1에 양도하였다면 1세대 1주택 비과세가 적용될까?

'15. 1. 1. A주택	'21. 1. 1.	'21. 3. 30. B주택	'22. 1. 1. B주택	'22. 5. 1. A주택
▲	‖	▲	▽	▽
취득	기준일자	취득	양도(과세)	양도(비과세?)

　비록 2021. 1. 1. 현재 1주택자라 하더라도 2021. 1. 1. 이후 주택을
새로이 취득하여 2주택 이상자가 되었으므로 최종 1주택 규정이 적용된
다. 따라서 위 사례의 경우 A주택의 보유 및 거주기간은 2022. 1. 1.~

2022. 5. 1.까지여서 2년 이상 보유 및 거주 요건을 충족하지 못하였으므로 1세대 1주택 비과세를 적용받을 수 없다.

직전 양도주택이 법에서 열거된 일시적 2주택에 해당하여 비과세를 적용받은 경우

① 1주택자인 甲씨는 2016. 1. 1에 서울 소재 A주택을 취득하고, 이후 2018. 9. 1. B주택을 취득하여 일시적 2주택자가 되었다. 甲씨는 B주택을 취득한 이후 계속 거주하다가 2021. 8. 31. A주택을 양도하였으나, 법에서 열거된 일시적 2주택 규정을 적용받아 양도세를 내지 않았다. 甲씨가 서울 소재 B주택을 2022. 5. 1에 양도하였다면 1세대 1주택 비과세가 적용될까?

'16. 1. 1. A주택	'18. 9. 1. B주택	'21. 1. 1.	'21. 8. 31. A주택	'22. 5. 1. B주택
▲	▲	‖	▽	▽
취득	취득	기준일자	양도(비과세)	양도(비과세?)

甲씨는 2021. 1. 1. 현재 2주택자이므로 최종 1주택 규정이 적용된다. 그러나 직전 양도주택인 A주택이 법에서 열거된 일시적 2주택[2]에 해당하

---

2 '법에서 열거된 일시적 2주택'은 세법상 규정된 정식 용어가 아닌 저자가 최종 1주택 규정의 설명 편의를 위해서 새로 만든 용어이다. '주택에 대한 비과세―1세대 2주택' 편에서 자세히 살펴보겠지만 양도일 현재 1세대 2주택자라 하더라도 「소득세법」 시행령 제155조, 제155조의2, 제156조의2 및 제156조의3의 규정에 해당하여 1세대가 일시적으로 2주택자가 된 경우에는 세법상 1세대 1주택으로 봐주는 특례가 있는데 이를 우리 책에서는 '법에서 열거된 일시적 2주택'이라 부르기로 한다.

여 비과세되었으므로 최종 1주택 규정이 적용되지 않는다. 따라서 B주택 취득일인 2018. 9. 1.을 기준으로 1세대 1주택 비과세 요건을 판정하므로 비과세를 적용받을 수 있다.

② 만약 위의 사례에서 A주택을 양도하면서 '법에서 열거된 일시적 2주택' 요건을 충족하지 못해 양도세를 냈다면 어떻게 될까?

이 경우에는 2021. 1. 1. 현재 2주택자에 해당하고, 직전 양도주택인 A주택이 법에서 열거된 일시적 2주택 비과세를 적용받지도 못했으므로 최종 1주택 규정이 적용된다. 따라서 A주택의 보유 및 거주 기간은 2021. 8. 31.~2022. 5. 1.까지로 2년 이상 보유 및 거주 요건을 충족하지 못하여 1세대 1주택 비과세가 적용될 수 없다.

1주택 외의 주택을 모두 '처분'한 경우에서 처분의 의미

① 1주택자인 甲씨는 2022. 1. 1. B주택을 취득하였다. 이후 최종 1주택 규정이 도입되었다는 사실을 알게 된 甲씨는 이를 회피하기 위해 2022. 4. 30에 B주택을 B상가로 용도변경한 후, 취득시점부터 계속 거주해 오던 서울 소재 A주택을 2022. 5. 1에 양도하였다. 이 경우 甲

씨는 1세대 1주택 비과세를 적용받을 수 있을까?

'15. 1. 1. A주택	'21. 1. 1.	'22. 1. 1. B주택	'22. 4. 30. B상가	'22. 5. 1. A주택
▲	‖	▲	▽	▽
취득	기준일자	취득	B주택 용도변경	양도(비과세?)

최종 1주택 규정은 다주택자가 다른 주택을 모두 처분하고 최종적으로 1주택만 보유한 경우에 적용된다. 그런데 매각이 아니라 위와 같이 용도변경을 한 경우에도 최종 1주택 규정이 적용될까? 최종 1주택 규정은 다주택자가 1주택 외의 주택을 모두 '처분'한 경우에 적용되며, 이때 처분에는 양도·증여뿐만 아니라 용도변경도 포함된다.

위 사례의 경우 비록 2021. 1. 1. 현재 1주택자였다고 하더라도 2021. 1. 1. 이후 주택을 새로 취득하여 2주택 이상자가 되었고, 이후 1주택 외의 주택을 모두 '처분'하여 1주택자가 되었으므로 최종 1주택 규정이 적용된다. 따라서 1세대 1주택 비과세를 적용받을 수 없다.

② 1주택자인 甲씨는 2022. 1. 1. 낡고 오래된 B주택을 취득하였다. 이후 최종 1주택 규정이 도입되었다는 사실을 알게 된 甲씨는 이를 회피하기 위해 2022. 4. 1. B주택을 멸실시킨 후, 취득시점부터 계속 거주해 오던 서울 소재 A주택을 2022. 5. 1에 양도하였다. 이 경우 甲씨는 1세대 1주택 비과세를 적용받을 수 있을까?

사례 ①에서 보았듯이 2주택 이상을 보유한 1세대가 1주택 외의 주택을 모두 처분한 경우에 최종 1주택 규정이 적용되는데, 이때 처분은 양도, 증여 및 용도변경만을 의미하므로 멸실, 상속, 세대 분리는 처분으로 보지 않는다.

위 사례의 경우에는 비록 2021. 1. 1. 이후 주택을 새로이 취득하여 2주택 이상자가 되었지만 1주택 외의 주택을 '처분'하지 않았으므로 최종 1주택 규정이 적용되지 않는다. 따라서 A주택의 보유 및 거주 요건은 A주택의 취득시점인 2015. 1. 1.을 기준으로 계산하므로 1세대 1주택 비과세가 적용될 수 있다.

양도일이 최종 1주택 적용기간 내에 있을 때

지금은 개정된 (구)소득세법 제154조 제5항 규정은 어렵기로 악명이 높았다(혹시 얼마나 어려웠는지 궁금해하는 분들을 위해 따로 설명을 해놓았다). 최종 1주택 규정을 제대로 모르거나 잘못 해석하여 세법상 가장 큰 혜택 중 하나인 1세대 1주택 비과세를 적용받지 못하는 경우도 실무상 자주 발생하였다. 지금까지 최종 1주택에 대하여 자세히 설명했지만 양도일이 최종 1주택 적용 기간인 2021. 1. 1.~2022. 5. 9. 사이에 있으면서 1세대 1주택 비과세를 적용받으려 한다면 스스로 해석하려 하기보다는 전문가의 도움을 받기를 권한다.

 난해한 (구)소득세법 제154조 제5항 규정과 깔끔한 개정 규정

모든 법 규정이 그렇겠지만 특히 세법 규정은 구체적이고 명확하게 규정 되어야 한다. 같은 규정을 읽어도 보는 사람마다 다르게 해석한다거나, 다 르게 해석할 여지를 준다면 올바른 규정이라 할 수 없다.

문제의 (구)소득세법 제154조 제5항 규정은 전문가들조차 해석이 제각각 이고, 심지어 해당 규정에 대한 국세청과 재경부의 예규 해석이 한동안 서로 다른 경우가 있을 정도로 불명확하다는 점에서 여러 가지로 아쉬웠 다. 납세자들은 물론 전문가들도 자주 실수했던 (구)소득세법 제154조 제5 항 규정은 다음과 같다.

> ⑤ 제1항에 따른 보유기간의 계산은 법 제95조제4항에 따른다. 다만, 2주택 이상(제155조, 제155조의2 및 제156조의2 및 제 156조의3에 따라 일시적으로 2주택에 해당하는 경우 해당 2 주택은 제외하되, 2주택 이상을 보유한 1세대가 1주택 외의 주 택을 모두 처분[양도, 증여 및 용도변경(「건축법」 제19조에 따 른 용도변경을 말하며, 주거용으로 사용하던 오피스텔을 업무 용 건물로 사실상 용도변경하는 경우를 포함한다)하는 경우를 말한다. 이하 이 항에서 같다]한 후 신규주택을 취득하여 일시

> 적 2주택 된 경우는 제외하지 않는다)을 보유한 1세대가 1주택
> 외의 주택을 모두 처분한 경우에는 처분 후 1주택을 보유하게
> 된 날부터 보유기간을 기산한다.

규정을 다 읽었는가? 그렇다면 당신은 인내심이 대단한 사람이다. 그리고
이 규정을 읽고 이해를 한 사람이 있다면 당장 세법을 전공하라고 권하고
싶다. 하지만 그런 사람은 아마 없을 것이다. 그러니 위 규정을 이해하기 위
해 노력할 필요는 전혀 없다.

다행하게도 위 규정은 2022. 5. 10. 이후 양도분부터는 다음과 같이 개정되
어 악명 높았던 최종 1주택 규정은 역사의 뒤안길로 사라졌다.

> ⑤ 제1항에 따른 보유기간의 계산은 법 제95조제4항에 따른다.

1세대 1주택 비과세 2년 거주요건

2017. 8. 3. 이후 취득하는 주택의 경우 2년 이상 거주요건을 채워야 1세대 1주택 비과세를 적용해 준다. 다만, 2017. 8. 3. 전에 매매계약을 체결하고 계약금을 지급한 사실이 증빙서류에 의해 확인되는 경우로서, 계약일 현재 무주택자인 경우에는 2년 이상 보유요건만 채우면 된다.

Q 甲씨가 2017. 9. 30.에 매매(2017. 7. 1. 계약, 2017. 9. 30. 잔금 지급)로 취득한 B주택을 2022. 12. 31.에 양도한다면 1세대 1주택 비과세 규정이 적용될까 (단, 甲씨는 B주택을 취득 후 거주한 사실이 없다)?

'08. 5. 31. A주택	'17. 9. 30. B주택	'20. 8. 1. A주택	'20. 8. 2. C주택	'22. 12. 31. B주택
▲	▲	▽	‖	▽
취득	취득	양도	전세(거주)	양도(비과세?)

A 甲씨는 2017. 9. 30. B주택을 취득하였으므로 원칙적으로 2년 이상 거주요건을 채워야 1세대 1주택 비과세가 가능하다. 만일 甲씨가 계약일인 2017. 7. 1. 현재 무주택자였다면 예외적으로 거주요건이 불필요하여 1세대 1주택 비과세가 적용되지만, B주택을 취득할 당시 A주택을 보유하고 있었으므로 甲씨에게는 예외를 적용할 수 없다.

사례의 경우 甲씨는 보유기간 중 거주기간 2년 이상 요건을 충족하지 못하여 1세대 1주택 비과세를 적용받을 수 없다.

1세대 1주택 비과세 2년 거주요건
(분양권 지분을 배우자에게 증여시)

2017. 8. 3. 이후 취득하는 주택의 경우 2년 이상 거주요건을 채워야 1세대 1주택 비과세를 적용해 준다. 다만, 2017. 8. 3. 전에 매매계약을 체결하고 계약금을 지급한 사실이 증빙서류에 의해 확인되는 경우로서, 계약일 현재 무주택자인 경우에는 2년 이상 보유요건만 채우면 된다.

Q 甲씨는 2017. 8. 2. 이전에 서울에 있는 A아파트의 분양계약을 체결하고 계약금을 지급하였다(계약금 지급일인 2016. 1. 31. 현재 무주택 세대이다). 이후 2018. 8. 1. 배우자인 乙에게 분양권 50% 지분을 증여하였다.

甲씨와 乙씨가 준공이 완료되어 2020. 8. 1.에 잔금을 치르고 취득한 A아파트(단, 취득 후 거주하지는 않았다)를 2022. 12. 31.에 양도한다면 1세대 1주택 비과세 규정이 적용될까?

'16. 1. 31. A분양권	'18. 8. 1. A분양권	'20. 8. 1. A아파트	'22. 12. 31. A아파트
●	●	‖	▽
甲 분양계약	1/2증여(甲→乙)	취득(甲·乙)	양도(비과세?)

A 조정대상지역 내 주택의 분양계약을 2017. 8. 2. 이전에 체결하고 계약금을 지급한 경우에는 계약 체결 이후에 지분을 동일 세대원인 배우자에게 증여하더라도 2년 거주요건은 채울 필요가 없고 2년 보유요건만 채우면 된다.

사례의 경우 甲씨와 乙씨는 보유기간 중 거주기간 2년 이상 요건을 충족하지 못하더라도 1세대 1주택 비과세를 적용받을 수 있다.

1세대 1주택 비과세 2년 거주요건
(승계조합원 입주권 보유기간 기산일자)

2017. 8. 3. 이후 취득하는 주택의 경우 2년 이상 거주요건을 채워야 1세대 1주택 비과세를 적용해 준다. 다만, 2017. 8. 3. 전에 매매계약을 체결하고 계약금을 지급한 사실이 증빙서류에 의해 확인되는 경우로서, 계약일 현재 무주택자인 경우에는 2년 이상 보유요건만 채우면 된다.

Q 甲씨는 무주택 상태에서 관리처분계획인가가 난 서울에 있는 A재개발아파트 조합원입주권을 2018. 8. 1.에 취득하였고, A재개발아파트는 2020. 8. 1.에 사용승인이 났다.

甲씨가 A⁺아파트(단, 취득 후 거주하지 않았다)를 2022. 6. 30.에 양도한다면 1세대 1주택 비과세 규정이 적용될까?

'16. 1. 31. A재개발아파트	'18. 8. 1. a입주권	'20. 8. 1. A⁺아파트	'22. 6. 30. A⁺아파트
관리처분인가일	입주권 승계 취득	사용승인일	양도(비과세?)

A 조합원입주권을 승계하여 취득한 주택의 취득시기는 사용승인일(사용검사 전에 사실상 사용하였거나 임시사용승인을 얻은 경우에는 그 사실상의 사용일 또는 사용승인일)이며, 이날부터 보유기간을 계산한다.

사례의 경우 사용승인일인 2020. 8. 1.부터 양도일인 2022. 6. 30.까지의 기간이 2년 미만이므로 甲씨는 1세대 1주택 비과세를 적용받을 수 없다.

양도세 보유·거주 기간 재기산 제도 폐지

최종 1주택 보유 및 거주 기간 재기산 제도가 폐지됨에 따라 2022. 5. 10. 이후 양도하는 분부터 주택 수와 관계없이 주택을 실제 보유 및 거주한 기간을 기준으로 보유 및 거주 기간을 계산한다.

Q 甲씨는 조정대상지역 내에 2주택(A·B)을 보유하고 있다가 2021. 6. 30. A주택을 양도하였다. 이후 2022. 12. 31.에 B주택을 양도할 경우 1세대 1주택 비과세가 적용될까?

'16. 1. 31. A주택	'17. 8. 1. B주택	'21. 6. 30.	'22. 5. 10. 시행령 개정	'22. 12. 31. B주택
▲	▲	▽	‖	▽
취득(서울)	취득(서울)	양도	시행일	양도(비과세?)

A 다주택자에 대한 과세 강화를 위해 2021. 1. 1. 이후 양도분부터 1주택을 제외한 모든 주택을 양도하여 최종적으로 1주택자가 된 날부터 보유 및 거주 기간을 재기산하는 제도가 시행되었었다.

이후 위 제도가 폐지됨에 따라 2022. 5. 10. 이후 양도하는 분부터 주택 수와 관계없이 주택을 실제 보유 및 거주한 기간을 기준으로 보유 및 거주 기간을 계산한다.

따라서, 사례의 경우 B주택을 2년 이상 보유하였으므로 1세대 1주택 비과세 적용이 가능하다. 조정대상지역 내 1세대 1주택 비과세 2년 이상 거주요건은 2017. 8. 3. 이후 취득한 주택에 적용되는 것으로 B주택은 2017. 8. 1.에 취득하였으므로 2년 거주요건이 없다.

고가주택
이란?

고가주택은 주택 및 이에 딸린 토지의 실거래가액 합계액이 12억 원을 초과하는 주택을 말한다. 단순히 주택을 단독으로 소유하다가 양도한 경우는 고가주택 판단에 어려움이 없으나 공동소유, 겸용주택 등의 경우에는 고가주택 판단이 복잡할 수 있다.

공동으로 소유한 주택

공동으로 소유한 주택은 소유 지분과 관계없이 1주택 전체를 기준으로 고가주택 해당 여부를 판단한다. 예를 들어 20억 원 주택을 2명이 공동소유한 경우 10억 원이 아닌 20억 원을 기준으로 고가주택 해당 여부를 판단한다.

겸용주택

주택과 주택 외의 부분(상가 등)이 복합되어 있는 겸용주택의 경우 2022. 1. 1. 이후 양도분부터는 주택 부분만[1]을 기준으로 고가주택 해당 여부를 판단한다. 예를 들어 실지거래가액 20억 원(주택 부분이 10억 원, 상가 부분이 10억 원)인 겸용주택의 경우 주택 부분만을 기준으로 하므로 고가주택에 해당하지 않는다.

부담부증여 주택

주택을 부담부증여하는 경우 수증자가 인수하는 채무액과는 무관하게 주택 가격이 12억 원을 초과하면 고가주택으로 본다. 즉 주택 가격이 20억 원, 채무가 10억 원이라면 실제 부담부증여액 10억 원(채무)이 아니라 주택 가격 20억 원을 기준으로 고가주택 여부를 판단한다.

주택이 시차를 두고 수용되는 경우

주택과 주택 부수토지가 시차를 두고 협의매수로 수용된 경우 전체를 하나의 거래로 보아 고가주택 여부를 판단한다.

---

1 2021. 12. 31. 이전 양도분까지는 주택 면적이 주택 외의 면적보다 큰 경우 전체를 주택으로 보아 1세대 1주택 비과세 규정을 적용했다. 그리고 이 경우에는 전체 건물과 그에 딸린 토지의 실거래가액 합계액을 기준으로 고가주택을 판정했다.

고가주택
양도소득세 계산

고가주택을 구분하는 이유

고가주택에 대해서는 1세대 1주택 비과세가 적용되지 않는다. 다만, 1세대 1주택 비과세 요건을 갖춘 고가주택의 경우 12억 원을 초과하는 부분에 대해서만 양도세를 부과하므로 고가주택이라도 1세대 1주택 비과세 요건을 충족하는지 잘 살펴봐야 한다. 따라서, 후술하는 고가주택 양도차익 계산 방법은 먼저 1세대 1주택 비과세 요건을 모두 충족한 경우에만 적용된다는 점을 기억해야 한다.

고가주택 과세 양도차익 계산 사례

예를 들어 10억 원에 산 아파트를 24억 원에 양도했다고 가정해 보자. 이 경우 전체 양도차익은 14억 원이다(24 - 10 = 14). 이 중에서 12억 원을 초과하는 부분만 과세대상인데, 이를 수식으로 계산해 보면 7억 원이 과세대상 양도차익이 된다.

$$\frac{14억\ 원(전체\ 양도차익) \times (24억\ 원 - 12억\ 원)}{24억\ 원} = 7억\ 원(과세대상\ 양도차익)$$

즉, 전체 14억 원 중에 7억 원이 과세대상 양도차익, 7억 원이 비과세 양도차익이 되어 7억 원에 대하여만 양도소득세를 부과하는 것이다.

여기서 주의할 것은 '12억 원을 초과하는 부분'이 2억 원[전체 양도차익(14억 원)−12억 원]도 아니고, 12억 원[양도가액(24억 원)−12억 원]도 아니라는 점이다. '12억 원을 초과하는 부분'은 위와 같이 세법 규정에 의해 계산해야 한다.

1세대 1주택이고 양도가액 15억 원인 겸용주택을 양도할 때

2022. 1. 1. 이후 실지거래가액이 12억 원을 초과하는 고가의 겸용주택을 양도하는 경우에는 주택 부분과 상가 부분을 구분하여 각각의 양도차익 및 장특공제액을 적용하여 양도세를 계산하며, 겸용주택이 12억 원 이하인 경우로서 주택 면적이 주택 외 면적보다 큰 경우는 겸용주택 전부를 주택으로 보아 비과세한다.

Q 甲씨는 2012. 2. 1. A주택(1층 상가, 2·3층 주택)을 9억 원에 취득하고 중개사 비용 등 필요경비로 6천만 원을 지불하였다. 甲씨는 2022. 12. 31. A주택을 15억 원에 양도하였다. 1세대 1주택자인 甲씨의 양도세는 얼마일까(상가와 주택의 취득 당시 기준시가는 2억 원, 4억 원이었고, 양도 당시 기준시가는 4억 원, 8억 원이었다)?

A 주택분 양도차익은 비과세되고 상가분에 대한 양도세 산출세액은 3천 462만5천 원이다.

(원, %)

구분		금액	상가(1층)	주택(2·3층)
① 양도가액		15억 원	5억 원	10억 원
② 취득가액		9억 원	3억 원	6억 원
③ 필요경비		6천만 원	2천만 원	4천만 원
양도차익	④ 전체	5억4천만 원	1억8천만 원	3억6천만 원
	⑤ 비과세	3억6천만 원	–	3억6천만 원
	⑥ 과세대상	1억8천만 원	1억8천만 원	–
⑦ 장기보유특별공제		1억6천만 원	3천6백만 원[1]	
⑧ 양도소득금액		4천만 원	1억4천4백만 원	
⑨ 양도소득기본공제		250만 원	250만 원	
⑩ 과세표준		3천750만 원	1억4천150만 원	
⑪ 세율		35%(누진공제 1천490만 원)		
⑫ 산출세액		3천462만5천 원	3천462만5천 원	

---

1 10년 × 2% = 20%

1세대 1주택, 양도차익 10억 원일 때 양도세 계산

1세대 1주택으로서 고가주택에 해당하는 경우에는 전체 양도차익 중 고가주택 기준금액인 12억 원을 초과하는 양도차익에 대해서만 과세하고 고가주택 기준금액 이하에 해당하는 양도차익에 대해서는 비과세를 적용한다.

Q 甲씨는 2010. 2. 1. 서울의 A주택을 4억5천만 원에 취득하고 중개사 비용 등 필요경비로 5천만 원을 지불하였다. 甲씨는 취득일부터 양도일까지 A주택에 계속 거주하다가 2022. 12. 31.에 A주택을 15억 원에 양도하였다. 1세대 1주택자인 甲씨의 양도세는 얼마일까?

 1세대 1주택 비과세를 적용한 후의 양도세 산출세액은 454만5천 원이다.

(원, %)

구분		금액	비고
① 양도가액		15억 원	양도일자 : 2022. 12. 31.
② 취득가액		4억5천만 원	취득일자 : 2010. 2. 1.
③ 필요경비		5천만 원	
양도차익	④ 전체	10억 원	①－②－③
	⑤ 비과세	8억 원	
	⑥ 과세대상	2억 원	④10억 원×[①15억 원-12억 원]÷①15억 원
⑦ 장기보유특별공제		1억6천만 원	10년 이상 보유 및 거주 : 80%
⑧ 양도소득금액		4천만 원	⑥－⑦
⑨ 양도소득기본공제		250만 원	
⑩ 과세표준		3천750만 원	⑧－⑨
⑪ 세율		15%	
⑫ 산출세액		454만5천 원	⑩×⑪－1백8만 원(누진공제)

장기보유
특별공제

'양도소득세 기본' 편에서 살펴본 양도소득세 계산구조를 다시 떠올려 보자.

양도가액 − 필요경비(취득가액+양도비 등) = 양도차익

양도차익 − 장특공제 − 기본공제(250만 원) = 과세표준

양도가액이나 취득가액은 마음대로 조정할 수 없다. 임의로 가격을 조작하는 것은 불법이기도 하고, 혹여나 허위의 다운계약서가 적발되면 1세대 1주택 비과세가 배제되는 등의 불이익이 너무 크기 때문이다. 양도차익을 인위적으로 늘리거나 줄일 수 없다면 다른 방법을 찾아봐야 하는데, 위 계산구조에서 장특공제를 눈여겨 보자. 세금을 줄이기 위해 1세대 1주택자의 경우 장특공제를 잘 활용해야 한다. 장특공제가 커지면 과세표준은 줄어들고 누진과세 방식의 양도세에서 적용세율도 낮아져 양도세가 기하급수적으로 줄어들게 된다.

장특공제의 유형

장특공제는 양도세 기본 편에서 양도세 절세 목적으로 자세히 설명한 바 있으나, 실무상 매우 중요한 주제이므로 다시 한번 간략하게 설명해 보고자 한다. 장특공제에는 일반적으로 적용되는 장특공제(최대 30%[1]까지 적용, 이하 표1)와 1세대 1주택 및 2년 이상 거주자에게 적용되는 장특공제(최대 80%[2]까지 적용, 이하 표2) 두 종류가 있다.

장특공제는 3년 이상 보유한 토지, 건물, 조합원입주권(관리처분계획인가 전 구주택의 양도차익에 한한다)에 대해 적용된다. 다만, 미등기 양도하거나 양도소득세가 중과되는 다주택자에 대해서는 적용되지 않는다.

표1의 경우 거주 여부를 따지지 않고 보유연수에 따라 연 2%씩 최대 30%(15년)의 장기보유특별공제가 적용된다. 표2는 1세대 1주택자(다만, 일시적인 1세대 2주택자 등 법에서 정하는 경우에는 2주택 이상인 경우에도 예외적으로 적용된다)가 2년 이상 거주한 주택에 적용되며, 보유연수 및 거주연수에 따라 각각 연 4%씩 최대 40%를 한도로 하여 최대 80%(보유 40%+거주 40%)의 장특공제율이 적용된다.

1세대 1주택자, 최소 거주요건 채우고 오래 거주할수록 유리

예를 들어 1세대 1주택자가 보유기간 및 거주기간이 15년 이상인 고가주택을 양도하였고, 양도차익이 10억 원이었다고 가정해 보자.

—

1 「소득세법」 제95조 제2항의 규정에 표1의 장특공제 적용률이 정해져 있어 실무상 세무공무원이나 세무사들은 '표1'이라고 통칭한다.

2 「소득세법」 제95조 제2항 단서에 대통령령이 정하는 1세대 1주택에 해당하는 경우 '표2'의 고율의 장특공제 적용률이 정해져 있어 실무상 세무공무원이나 세무사들은 '표2'라고 부른다.

표1이 적용된다면 양도차익 10억 원의 30%인 3억 원이 장특공제 금액이 되어 약 7억 원(기본공제 2천5백만 원은 무시)이 과세표준이 되고, 표2가 적용된다면 양도차익 10억 원에서 8억 원이 차감되어 약 2억 원(기본공제 2천5백만 원은 무시)이 과세표준이 된다. 이를 기준으로 양도세를 계산해 보면 표1 적용 시 양도세는 약 2억6천만 원, 표2 적용 시 양도세는 약 5천7백만 원으로 무려 2억 원 차이가 난다.

부동산 가격의 유례없는 상승으로 고가주택의 양도차익은 눈덩이처럼 커지고 있다. 이런 상황에서는 표2의 장특공제를 받느냐의 여부가 고가주택 양도세 절세의 핵심이다.

표2는 1세대 1주택자가 양도주택에 최소 2년 이상 거주한 경우에만 적용된다. 그리고 표2는 거주 최대 40%＋보유 최대 40%로 양분되어 있기 때문에, 고가주택을 양도할 경우 거주기간이 길수록 (연 4%씩 추가로) 양도소득세 절세효과는 커진다.

장기간 거주가 어렵다면 최소 2년 이상 거주요건이라도 갖추어 표1이 아닌 표2를 적용받는 것이 고가주택 절세의 첫걸음이다. 그래야만 보유기간에 대한 높은 율(표1은 연 2%, 표2는 연 4%)의 장특공제를 받을 수 있기 때문이다. 사례마다 다르겠지만 위에서 보았듯이 2년 거주만 하는 것으로도 웬만한 봉급쟁이 연봉보다 더 큰 양도소득세가 절세될 수 있다.

고가(高價)의 조합원입주권을 보유한 경우

조합원입주권은 세법에서 주택으로 취급되어 1세대 1주택 비과세를 판정할 때나 다주택자 중과세율을 적용할 때 주택 수에 포함하여 계산한다. 그래서 앞에서 살펴본 바와 같이 '1세대 1조합원입주권'을 양도한 경우에는 1세대 1주택 비과세[1]가 적용된다.

그러나 엄밀히 말하면 조합원입주권은 주택을 취득할 수 있는 권리이지, 주택은 아니다. 이에 따라 조합원입주권을 2012. 12. 31.까지 양도한 경우에는 주택이 아닌 권리의 양도로 보아 장특공제를 적용하지 않았다.

그런데 1세대가 1주택인 구주택을 장기간 보유하다가 관리처분계획인가일 전에 양도하면 장특공제 표2(최대 80%)를 적용해 주고, 관리처분계획인가일 후에 양도하면 장특공제를 전혀 해주지 않는 것은 형평에 맞지 않는다는 지적이 있었다. 결국 이를 해소하기 위해 세법이 개정되었다.

---

1 구주택을 보유하다가 재개발·재건축 등으로 인하여 취득한 조합원입주권(원시조합원이 취득한 조합원입주권)을 양도한 경우로서 관리처분계획인가일 현재 구주택이 1세대 1주택 비과세 요건(2년 이상 보유, 조정대상지역이면 2년 이상 거주)을 갖추어야만 비과세를 받을 수 있다.

이에 따라 2013. 1. 1. 이후 양도분부터는 구주택의 취득일부터 관리처분계획인가일까지 기간이 3년 이상인 경우에는 장특공제가 적용되었다. 다만, 보유기간 전체에 대하여 장특공제가 적용되지 않고 주택으로 볼 수 있는 기간에 대해서만 장특공제를 적용하였으며, 그것도 표1의 장특공제(최대 30%)만 적용했다.

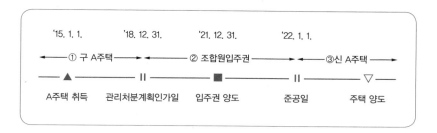

'조합원입주권과 재개발·재건축 주택' 편에서 자세히 살펴보겠지만 구주택을 보유하다 조합원입주권을 양도할 경우, 조합원입주권 양도차익은 구주택 양도차익(①)과 조합원입주권 프리미엄에 대한 양도차익(②)을 구분해서 계산한 후 합산한다.

결국 1세대가 관리처분계획인가일 이후 조합원입주권을 양도한 경우에는 고율의 장특공제(표2 최대 80%)를 적용받지 못하고, 일반적인 장특공제(표1만 최대 30%)만 적용받게 되며, 일반적인 장특공제조차도 구주택 부분(①)에 대해서만 적용되고 조합원입주권 상태(②)인 프리미엄 양도차익에 대해서는 장특공제를 받지 못한다.

앞서 고가주택의 경우 고율의 장특공제(표2)를 적용받는 것이 첫 번째 절세방법이라 설명했는데, 조합원입주권 상태에서 양도한다면 장특공제는 일부밖에 받을 수 없다.

반면에 조합원입주권 상태(②)가 아니라, 재개발·재건축이 완료되어 준공된 후 신주택 상태(③)에서 양도한다면 1세대 1주택의 양도에 해당하므로 구주택 취득일부터 신주택 양도일까지 기간 전부에 대하여 고율의 장특공제[2](표2 최대 80%)를 받을 수 있다.

양도세의 입장에서만 본다면 1세대가 고가(高價)의 1세대 1조합원입주권을 양도할 경우에는 가급적 구주택의 재개발·재건축이 완료되어 준공된 후 양도해야 한다.

---

2 단, 청산금 납부분은 준공 후 2년 이상 거주해야 관리처분계획인가일부터 신주택 양도일까지의 기간에 표2가 적용된다.

다주택자가 고가의 조합원입주권을
보유하고 있다면?

앞에서 본 바와 같이 구주택이 1세대 1주택 비과세 요건을 갖춘 경우에는 조합원입주권 상태에서는 가능한 한 양도하지 말고 주택이 준공된 후에 양도하는 것이 세부담 측면에서 유리하다. 그렇다면 다주택자는 어떨까?

다주택자가 조정대상지역 내 주택을 양도할 경우에는 중과세율[1]을 적용하고, 장특공제도 적용되지 않는다. 하지만 조합원입주권을 양도하는 경우에는 주택이 아닌 권리의 양도에 해당되므로 다주택자 중과 규정이 적용되지 않고, 구주택의 보유기간에 대하여는 장특공제(표1)까지 적용된다.

그런데 주택이 준공된 후에는 신주택이 당연히 주택에 포함되므로 신주택을 양도할 경우 다주택자의 양도가 되어 고율의 세율이 중과되고,

---

1 2주택 이상인 자는 기본세율에 20%를 가산한 세율을, 3주택 이상인 자는 기본세율에 30%를 가산하여 계산한다.

장특공제 적용도 배제된다.

따라서, 다주택자의 경우 주택이 준공되기 전에 조합원입주권 상태에서 양도하는 것이 양도세 측면에서 훨씬 유리하다.[2]

---

2 준공 후에는 주택으로 취급되므로 종부세 절세 측면에서도 유리하다.

Chapter 3

주택에 대한 비과세 - 1세대 2주택

앞에서 말했듯 1세대 1주택 비과세 제도는 국민의 주거생활 안정을 위해 도입되었다. 따라서 1세대가 1주택을 보유한 경우에만 비과세 혜택을 주는 것이 제도의 취지에 들어맞는다. 하지만 '실제로는 1세대 1주택자와 다름없으나 부득이하게 2주택자가 되는 경우'가 현실에서는 적잖이 발생한다. 이사, 결혼, 상속 등이 그 예이다.

세법에서는 이렇듯 부득이하게 2주택자가 된 경우, 일정한 요건을 갖추면 1세대 1주택 비과세 혜택을 주고 있다. 하지만 보통의 2주택자에 대해서는 장특공제를 배제하고 중과세율을 적용하고 있다.

납세자 입장에서는 1세대 1주택 비과세와 중과세의 차이는 천국과 지옥의 차이와 다름이 없다. 이번 장에서는 1세대 2주택이라는 역경을 이겨내고 천국으로 가는 방법에 대해 살펴보기로 한다.

2주택자에게도
1주택 비과세를 적용하는 이유

앞서 살펴본 바와 같이 1세대가 1주택을 보유하는 경우로서 보유기간이 2년 이상인 주택을 양도하는 경우 비과세가 적용된다(조정대상지역 내에 있는 주택의 경우는 2년 이상 거주해야 한다).

주택 비과세 원칙은 1세대가 1주택을 보유하다 양도한 경우에만 적용된다. 하지만 엄격하게 1주택자에게만 비과세를 적용하면 '부득이하게 일시적으로' 2주택이 된 경우 비과세 혜택을 받지 못하는 억울한 일이 발생할 수 있다.

예를 들어 이사를 가기 위해 먼저 신규주택을 구입한 후 종전에 살던 집을 나중에 양도하는 경우 또는 주택 1채를 보유하던 중 갑자기 1주택을 상속받은 경우 등이다.

이와 같이 부득이하게 2주택자가 된 경우에는 1주택자로 보아 1세대 1주택 특례를 적용할 수 있다. 다만 특례를 적용해 주는 대신 일정 요건을 반드시 충족해야 한다.

특례 요건 충족 여부는 엄격하게 해석하고 있으므로, 어떤 경우에 특례가 적용되는지 뿐만 아니라 특정 특례를 받기 위해서는 어떤 요건을 충족해야 하는지에 대하여도 잘 알아둘 필요가 있다.

이사로 인한 일시적 2주택 특례

1주택을 소유한 1세대가 신규주택을 취득하여 일시적으로 2주택이 된 후, 종전주택을 양도할 경우에는 1세대 1주택 양도로 보아 비과세 여부를 판단한다.

적용 요건

1) 신규주택 취득요건

신규주택은 종전주택을 취득한 날로부터 1년 이상 지난 후에 취득해야 한다.

2) 종전주택 처분요건

① 2018. 9. 13. 이전에 신규주택을 취득하였거나,[1] 신규 또는 종전주택

---

1 2018. 9. 13. 이전에 신규주택 분양권 등의 매매계약을 체결하고 계약금을 지급한 경우도 신규 취득한 것으로 본다.

중 하나라도 조정대상지역 밖에 있는 경우에 종전주택은 신규주택을 취득한 날부터 3년 이내에 양도해야 한다.

② 신규주택 취득 당시에 신규주택과 종전주택이 모두 조정대상지역 내에 있는 경우에는 신규주택을 취득한 날부터 2년 내에 종전주택을 처분해야 한다.

甲씨는 2020. 1. 1. A주택(비조정대상지역에 있다)을 취득한 후 2020. 9. 1.에 이사 목적으로 B주택을 취득하여 실제 B주택으로 이사를 갔고 2022. 12. 31.에 A주택을 12억 원에 양도하였다. 1세대 1주택 비과세가 적용될까?

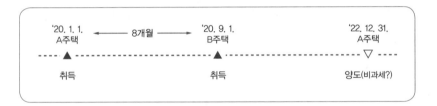

종전주택(A주택)을 취득한 날로부터 1년이 지나기 전에 신규주택(B주택)을 취득하였으므로 일시적 1세대 2주택 비과세 특례가 적용되지 않는다.

일시적 1세대 2주택 비과세 요건 완화

조정대상지역 내 일시적 1세대 2주택 비과세 요건이 완화되어, 2022. 5. 10. 이후 양도하는 분부터 종전주택과 신규주택 모두 조정대상지역 내에 있는 경우 일시적 2주택자의 종전주택 양도기한이 1년에서 2년으로 변경되었고, 세대 전원의 신규주택 이사 및 전입 요건이 폐지되었다.

Q 서울에 A주택을 보유하고 있던 甲씨는 이사를 위하여 2021. 8. 1. 서울에 있는 B주택을 취득하였다. 신규취득한 B주택에 임차인이 세 들어 있어 B주택으로 이사하지 못한 상태에서 A주택을 2022. 12. 31.에 양도하였다. 이 경우 일시적 1세대 2주택 비과세 특례가 적용될까?

'16. 1. 31. A주택	'21. 8. 1. B주택	'22. 5. 10. 시행령 개정	'22. 12. 31. A주택
▲	▲	‖	▽
취득(서울)	취득(서울)	시행일	양도(비과세?)

A 2022. 5. 10. 전에는 종전주택과 신규주택 모두 조정대상지역 내에 있는 경우 신규주택 취득일부터 1년 이내 종전주택을 양도하고 세대 전원이 신규주택으로 이사 및 전입을 해야만 일시적 1세대 2주택 비과세 혜택을 받을 수 있었다. 이후 조정대상지역 내 일시적 1세대 2주택 비과세 요건이 완화됨에 따라 2022. 5. 10. 이후 양도하는 분부터 종전주택과 신규주택 모두 조정대상지역 내에 있는 경우 일시적 2주택자의 종전주택 양도기한이 1년에서 2년으로 변경되었고, 세대 전원의 신규주택 이사 및 전입 요건은 삭제되었다.

따라서, 사례의 경우 B주택을 취득한 날부터 2년 이내에 종전 A주택을 양도하였으므로 1세대 1주택 비과세 적용이 가능하다.

비조정대상지역의
일시적 1세대 2주택 비과세 요건

2022. 5. 10. 이후 양도하는 분부터 종전주택과 신규주택 모두 조정대상지역 내에 있는 경우 일시적 2주택자의 종전주택 양도기한은 2년이다. 반면, 종전주택과 신규주택 소재지가 둘 중 하나라도 비조정대상지역 내에 있으면 종전주택의 양도기한은 3년이다.

Q 서울에 A주택을 보유하고 있던 甲씨는 이사를 위하여 2021. 8. 1. 비조정대상지역 내에 있는 B주택을 취득하였다. 신규취득한 B주택에 임차인이 세 들어 있어 B주택으로 이사하지 못한 상태에서 A주택을 2023. 12. 31.에 양도하였다. 일시적 1세대 2주택 비과세 특례가 적용될까?

'16. 1. 31. A주택	'21. 8. 1. B주택	'22. 5. 10. 시행령 개정	'23. 12. 31. A주택
---- ▲ ---------	------ ▲ --------	----- ‖ --------	--- ▽ ----
취득(서울)	취득(비조정)	시행일	양도(비과세?)

A 종전주택과 신규주택이 모두 조정대상지역 내에 있는 경우 일시적 2주택자가 비과세 혜택을 적용받으려면 종전주택을 2년 이내에 양도해야 한다. 그러나 종전주택 또는 신규주택 중 하나라도 비조정대상지역 내에 있고 종전주택을 신규주택 취득일로부터 3년 이내에 양도하면 일시적 1세대 2주택 비과세 특례를 적용받을 수 있다.

따라서 사례의 경우 B주택을 취득한 날부터 3년 이내에 종전 A주택을 양도하였으므로 일시적 1세대 2주택 비과세 특례 적용이 가능하다.

조합원입주권을 승계취득한 후 다른 주택을 취득한 경우

2022. 5. 10. 이후 양도하는 분부터 종전주택과 신규주택 모두 조정대상지역 내에 있는 경우 일시적 2주택자의 종전주택 양도기한은 2년이며, 승계 조합원입주권을 통해 취득한 주택의 취득시기는 사용승인일이 되는 것이나 조합원입주권을 승계취득한 경우에는 일시적 2주택 비과세 규정이 적용되지 않는다.

Q 甲씨는 무주택 상태에서 관리처분계획인가가 난 서울에 있는 A재개발아파트 조합원입주권을 2016. 8. 1.에 취득하였고, A재개발아파트는 2022. 5. 10. 사용승인이 났다. 甲씨가 2017. 8. 1.에 투자 목적으로 취득한 B주택(단, 취득 후 거주하지 않았다)을 2022. 12. 31. 양도한다면 일시적 1세대 2주택 비과세 규정이 적용될까?

'15. 1. 31. A재개발아파트	'16. 8. 1. a조합원입주권	'17. 8. 1. B주택	'22. 5. 10. A⁺아파트	'22. 12. 31. B주택
‖	■	▲	▲	▽
관리처분인가일	입주권 승계취득	취득(서울)	사용승인일	양도(비과세?)

A 조합원입주권을 승계하여 취득한 주택의 취득시기는 사용승인일이다. 다만, 조합원입주권을 보유하고 있는 경우에는 주택을 보유한 것으로 간주하기 때문에 조합원입주권으로 새로 취득한 주택에 대하여는 일시적 1세대 2주택 비과세 특례규정이 적용되지 않는다.

다만, 재개발 기간 중 부득이하게 거주 목적으로 취득한 일부 주택에 대해서는 별도로 1세대 2주택 비과세 특례가 적용 가능할 수도 있다(241페이지 '1조합원입주권자, 주택 취득 후 1주택 양도한 경우' 참조, 「소득세법 시행령」 제156조의2).

상속으로 인한 일시적 2주택 특례

1주택(이하 일반주택)을 보유한 상태에서 주택을 상속(이하 상속주택)받아 일시적으로 2주택이 된 경우, 일반주택을 먼저 양도하는 때에는 1세대 1주택으로 보아 비과세 여부를 판단한다.

적용 요건

1) 종전주택을 먼저 양도해야 함

상속개시일 이후 취득한 주택이나 피상속인에게서 상속개시일로부터 소급하여 2년 내에 증여받은 주택을 양도하면 일시적 2주택 특례를 적용받지 못한다.

① 사례 1

甲씨는 2016. 1. 1. 서울의 A주택을 취득하였다. 이후 부친의 사망으로 부친의 유일한 주택인 서울 B주택을 2018. 9. 1.에 상속받은 후 2016. 1.

1. 취득한 A주택을 2022. 12. 31.에 12억 원에 양도하였다. 1세대 1주택 비과세가 적용될까?

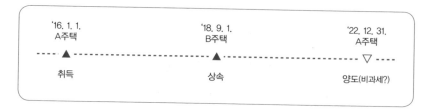

'16. 1. 1.
A주택

'18. 9. 1.
B주택

'22. 12. 31.
A주택

취득

상속

양도(비과세?)

상속개시일 현재 이미 보유하고 있던 일반주택(A주택)을 양도하였으므로 1세대 1주택 비과세가 적용된다.

② 사례 2

甲씨는 2016. 1. 1.에 서울의 A주택을 매매로 취득하였다. 이후 부친의 사망으로 부친의 유일한 주택인 서울 B주택을 2018. 9. 1. 상속받은 후 B주택을 2022. 12. 31. 12억 원에 양도하였다. 1세대 1주택 비과세가 적용될까?

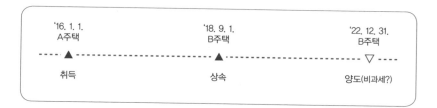

'16. 1. 1.
A주택

'18. 9. 1.
B주택

'22. 12. 31.
B주택

취득

상속

양도(비과세?)

일반주택이 아니고 상속주택을 먼저 양도하였으므로 1세대 1주택 비과세 특례가 적용되지 않는다. 甲씨는 1세대 2주택자의 양도에 해당하여 원칙적으로 중과세율이 적용되지만, 상속개시일로부터 5년 내 양도한 상속주택의 경우 중과대상에서 제외되므로 일반세율을 적용한 양도세를 신고·납부해야 한다.

③ 사례 3

甲씨는 부친의 사망으로 부친의 유일한 주택인 B주택을 2018. 9. 1. 상속받은 후 B주택을 멸실하고 2020. 1. 1. C주택을 신축하였다. 이후 2016. 1. 1. 취득한 A주택을 2022. 12. 31. 12억 원에 양도하였다. 이 경우 1세대 1주택 비과세가 적용될까?

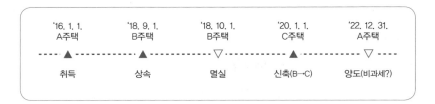

상속받은 주택을 멸실하고 새로운 주택을 신축한 경우 그 신축주택은 상속받은 주택의 연장으로 보아 1세대 1주택 비과세 특례 규정이 적용된다.

④ 사례 4

甲씨와 甲씨의 아버지인 乙씨는 계속 함께 거주한 동일세대였다. 甲씨는 2016. 1. 1. A주택을 취득하였고 이후 乙씨의 사망으로 乙씨의 유일한 주택인 B주택을 2018. 9. 1. 상속받았다. 이후 甲씨는 A주택을 2022. 12. 31. 12억 원에 양도하였다. 1세대 1주택 비과세가 적용될까?

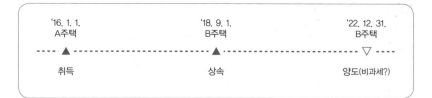

'16. 1. 1. A주택	'18. 9. 1. B주택	'22. 12. 31. B주택
▲	▲	▽
취득	상속	양도(비과세?)

甲씨와 乙씨는 상속개시일 전에 이미 1세대 2주택자였으므로 상속으로 인하여 일시적으로 2주택이 된 것이 아니어서 상속주택 특례를 적용받을 수 없다. 다만 甲씨가 乙씨를 동거봉양[1] 하기 위해 세대를 합쳐서 2주택이 된 상태에서 주택을 상속받은 경우에는 상속주택 특례를 적용할 수 있다.

2) 상속주택 특례 적용, 선택받은 1주택에만 적용

상속으로 인한 일시적 2주택 특례는 일반주택 1채 + 상속주택 1채인 경우에만 적용된다. 따라서 피상속인이 2채 이상의 주택을 상속한 경우에는 여러 채의 상속주택 중 1채만 상속주택으로 인정받는다.[2] 이를 '선순위 상속주택'이라 하며 다음의 순서에 따라 선순위 상속주택을 판단한다.

ㄱ. 소유기간이 가장 긴 주택

ㄴ. 피상속인 거주기간이 가장 긴 주택

ㄷ. 피상속인이 상속개시 당시 거주한 주택

ㄹ. 기준시가가 가장 높은 1주택

ㅁ. 상속인이 선택하는 주택

---

1 동거봉양은 p156에서 설명한다.

2 선순위 상속주택은 피상속인을 기준으로 1채에만 적용된다.

① 사례 1

甲씨는 부친의 사망으로 B주택과 C주택을 2018. 9. 1. 상속받은 후 2016. 1. 1. 취득한 A주택을 2022. 12. 31. 12억 원에 양도하였다. 이 경우 1세대 1주택 비과세가 적용될까?

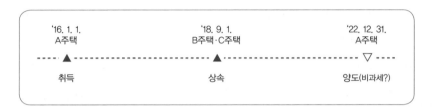

'16. 1. 1.	'18. 9. 1.	'22. 12. 31.
A주택	B주택·C주택	A주택
▲	▲	▽
취득	상속	양도(비과세?)

피상속인으로부터 2주택을 상속받아 3주택이 된 상태에서 1주택을 양도하였으므로 甲씨는 1세대 1주택 비과세를 적용받을 수 없다.

② 사례 2

甲씨는 B주택(2010. 6. 30. 취득)과 C주택(2016. 6. 1. 취득)을 소유한 상태에서 2018. 9. 1에 사망하였고 B주택은 첫째 乙씨가, C주택은 둘째 丙씨가 각각 상속받았다. 乙씨는 2016. 1. 1. 취득한 A주택을 2022. 12. 31에 12억 원에 양도하였다. 이 경우 1세대 1주택 비과세가 적용될까?

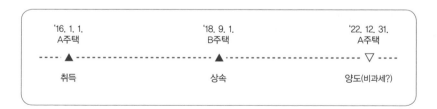

'16. 1. 1.	'18. 9. 1.	'22. 12. 31.
A주택	B주택	A주택
▲	▲	▽
취득	상속	양도(비과세?)

선순위 상속주택(B주택)이 아닌 일반주택(A주택)을 양도하였으므로 1
세대 1주택 비과세가 적용된다.

③ 사례 3

甲씨는 B주택(2010. 6. 30. 취득)과 C주택(2016. 6. 1. 취득)을 소유한 상태에
서 2018. 9. 1에 사망하였고 B주택은 첫째 乙씨가, C주택은 둘째 丙씨가
각각 상속받았다. 丙씨는 2016. 1. 1. 취득한 A주택을 2022. 12. 31. 12
억 원에 양도하였다. 이 경우 1세대 1주택 비과세가 적용될까?

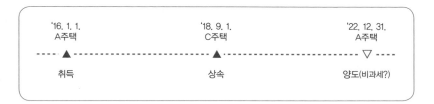

피상속인 甲씨는 B주택(2010. 6. 30. 취득)과 C주택(2016. 6. 1. 취득)을
상속하였고, 상속주택 특례가 적용되는 선순위 상속주택은 甲씨가 오래
소유한 B주택이 된다. 비록 상속으로 취득한 주택이라 하더라도 C주택
은 상속주택 특례 적용 대상이 아니므로 丙씨가 A주택을 양도할 경우에
는 1세대 1주택 비과세를 적용받을 수 없다.

피상속인이 여러 채를 상속하고, 여러 명의 상속인이 각각 1채씩 상속받
은 경우 선순위 상속주택 규정은 피상속인을 기준으로 1채에만 적용된다.
따라서 乙씨가 상속받은 B주택은 선순위 상속주택에 해당하여 상속주택
특례를 적용받을 수 있으나, 丙씨가 상속받은 C주택은 선순위 상속주택이
아니므로 A주택을 양도할 때 1세대 1주택 비과세를 적용받을 수 없다.

3) 공동상속주택의 소유권

피상속인이 물려준 주택 한 채를 여러 사람이 공동으로 상속받는 경우(이하 공동상속주택)에는 누구의 주택으로 볼까. 예를 들어 한 채의 주택을 5명이 각자 1/5씩 공동소유한 경우, 재산세나 종합부동산세 등 대부분의 세법에서는 공유자 각자가 별도의 1주택을 가지고 있는 것으로 간주한다.

그러나 상속으로 주택을 공동 취득한 경우에는 상속인 중 1인(이하 주된 상속인)의 주택으로 간주하고, 주된 상속인이 아닌 상속인(이하 소수지분 상속인)의 경우에는 1세대 1주택 판정 시 해당 공동상속주택은 주택으로 간주하지 않는다. 주된 상속인은 아래의 순서로 판정한다.

ㄱ. 상속지분이 가장 큰 상속인

ㄴ. 당해 주택에 거주하는 자

ㄷ. 최연장자

4) 주택 여러 채를 공동상속받은 경우

1세대 1주택 판정 시 공동상속주택은 소수지분 상속인의 주택으로 간주하지 않는다고 했는데, 만일 피상속인이 물려준 주택 여러 채를 여러 사람이 공동으로 상속받는 경우에도 모두 주택 수에서 제외될까?

공동상속주택 소수지분자에 대해 모든 주택을 주택 수에서 제외하면 단독으로 여러 채를 상속받는 경우와 형평성 문제가 생길 수 있다. 따라서 주택 여러 채를 여러 사람이 공동으로 상속받는 경우에는 선순위 상속주택에 해당하는 한 채를 제외한 나머지 주택은 모두 소수지분 상속인의 주택 수에 포함된다.

상속주택 특례와 일시적 2주택 특례, 중복 적용 가능

1세대 1주택 비과세 규정 적용 시 '상속주택 비과세 특례'와 '일시적 1세대 2주택 비과세 특례'는 중복 적용이 가능하다.

Q 甲씨는 2005. 1. 31. A주택을 취득하여 보유하던 중 2017. 12. 1. 별도세대인 아버지로부터 B주택을 상속받았다. 이후 甲씨가 이사 목적으로 2021. 6. 1. C주택을 취득하고 A주택을 2022. 12. 31.에 양도한 경우 1세대 1주택 비과세 적용이 가능할까(A, B, C 주택은 모두 조정대상지역 내에 있다)?

'05. 1. 31. A주택	'17. 12. 1. B주택	'21. 6. 1. C주택	'22. 12. 31. A주택
▲	▲	▲	▽
취득	상속 취득	취득	양도(비과세?)

A 1세대 1주택 비과세 규정 적용 시 상속주택 비과세 특례와 일시적 1세대 2주택 비과세 특례는 중복 적용이 가능하다.

따라서, 위 사례의 경우 신규주택(C주택) 취득일로부터 2년 이내에 종전주택인 A주택을 양도하였으므로, 비록 양도 당시 3주택자에 해당하지만 1세대 1주택 비과세 적용이 가능하다.

동거봉양으로 인한
1세대 2주택 비과세 특례

자식이 연로한 부모님을 모시기 위해 세대를 합쳐 부득이하게 1세대 2주택이 되었는데, 1세대 1주택 비과세를 적용해 주지 않는다는 건 대한민국 같은 동방예의지국에서는 상상하기 힘들 것 같다. 그래서 60세 이상의 직계존속을 동거봉양하기 위하여 세대를 합침으로써 1세대 2주택이 된 경우, 세대를 합친 날부터 10년 이내에 먼저 양도하는 주택은 1세대 1주택으로 보아 비과세 여부를 판단한다.

적용 요건

① 양도인(배우자 포함)의 직계존속을 동거봉양하기 위해 합가한 경우
② 세대를 합친 날을 기준으로 직계존속 중 어느 한 사람이 60세 이상이어야 한다. 다만, 암이나 희귀성 질환 등 중대한 질병이 발생한 직계존속을 동거봉양하는 경우에는 60세 미만이어도 연령 요건을 충족한 것으로 본다.
③ 세대를 합친 날부터 10년 이내에 주택을 양도해야 한다.

결혼으로 인한 1세대 2주택 비과세 특례

요즘처럼 출산율이 낮은 상황에서 결혼으로 인해 1세대 2주택이 된 경우 비과세를 적용해 주는 것 역시 너무 당연해 보인다. 그래서 각각 1주택을 보유하다가 결혼으로 1세대 2주택이 된 경우, 결혼신고를 한 날부터 5년 이내에 먼저 양도하는 주택은 1세대 1주택으로 보아 비과세 여부를 판단한다.

적용 요건

① 결혼 전에 구입한 주택이어야 한다.
② 세대를 합친 날부터 5년 이내에 양도해야 한다.

사례

① 甲씨는 A주택과 B주택을 보유하고 있던 중 C주택을 보유한 乙씨와

2021. 1. 1에 결혼하였다. 甲씨가 A주택을 2022. 12. 31. 양도하는 경우 1세대 1주택 비과세가 적용될까?

'16. 1. 1. A주택	'17. 1. 1. B주택	'17. 8. 1. C주택	'21. 1. 1. 甲씨 & 乙씨	'22. 12. 31. A주택
▲	▲	▲	‖	▽
甲취득	甲취득	乙취득	결혼	양도(비과세?)

2주택을 보유한 자와 1주택을 보유한 자가 결혼하여 3주택 상태에서 1주택을 양도한 경우에는 결혼으로 인한 1세대 2주택 특례를 적용할 수 없다. 따라서 A주택은 1세대 3주택자의 양도에 해당하여 기본세율 +30%의 중과세율이 적용되고 장특공제도 배제된다.

만일, 결혼 후 A주택이 아닌 乙씨 소유 C주택을 2022. 12. 31에 양도하는 경우 1세대 1주택 비과세가 적용될까? 세법은 1주택 보유자가 1주택 보유자와 결혼한 경우에만 결혼으로 인한 1세대 1주택 특례를 적용한다고 규정하고 있어 C주택을 먼저 양도해도 1세대 3주택자의 양도에 해당하여 기본세율 +30%의 중과세율이 적용되고 장특공제도 배제된다.

② 甲씨는 A주택과 B주택을 보유하고 있던 중 C주택을 보유한 乙씨와 2021. 1. 1에 결혼하였고, A주택을 2021. 12. 31. 양도한 후 B주택을 2022. 12. 31. 양도하였다. B주택은 1세대 1주택 비과세가 적용될까?

'16. 1. 1. A주택	'17. 1. 1. B주택	'17. 8. 1. C주택	'21. 1. 1. 甲씨 & 乙씨	'22. 12. 31. A주택	'22. 12. 31. B주택
▲	▲	▲	‖	▽	▽
甲취득	甲취득	乙취득	결혼	양도(과세)	양도(비과세?)

앞에서 본 바와 같이 결혼으로 1세대 3주택자가 된 경우 그중 1주택 (A주택)을 양도한 때에는 1세대 3주택자의 양도에 해당하여 비과세를 적용하지 않는다. 그런데 1주택을 양도하여 1세대 2주택이 된 상태에서 1주택(B주택)을 양도할 때는 어떻게 될까?

2주택자인 甲씨가 결혼하지 않았다면 먼저 양도한 A주택은 과세가 되지만 B주택은 1세대 1주택 비과세를 받을 수 있다. 결국 결혼 때문에 세금을 더 내는 상황이 발생할 수 있으므로 이를 방지하기 위해 결혼으로 1세대 3주택자가 된 세대가 1주택(2주택자가 보유한 주택 중 1주택, A주택)을 양도하여 1세대 2주택이 된 경우에는 결혼한 날부터 5년 이내에 먼저 양도하는 주택(B주택, C주택)은 비과세를 적용한다.

동거봉양 합가 특례와 일시적 2주택 특례, 중복 적용 가능

1세대 1주택 비과세 규정 적용 시 '동거봉양 합가 비과세 특례'와 '일시적 1세대 2주택 비과세 특례'는 중복 적용이 가능하다.

Q 일시적 2주택자(B·C)인 甲씨는 2022. 5. 10. A주택을 보유한 어머니를 동거봉양하기 위하여 세대를 합하였다. 甲씨가 2022. 12. 31. B주택을 양도할 경우 일시적 1세대 2주택 비과세 특례가 적용될까(A, B, C 주택은 모두 조정대상지역 내에 있다)?

'16. 1. 31. A주택	'17. 8. 1. B주택	'21. 6. 30. C주택	'22. 5. 10.	'22. 12. 31. B주택
▲	▲	▲	‖	▽
취득(어머니)	취득(甲)	취득(甲)	합가	양도(비과세?)

A 1세대 1주택 비과세 규정 적용 시 동거봉양 합가 비과세 특례와 일시적 1세대 2주택 비과세 특례는 중복 적용이 가능하다.

따라서, 위 사례의 경우 B주택을 취득한 후 1년 이상이 지난 후 C주택을 취득하고 2년 이내 종전주택(B주택)을 양도한 경우에 해당하므로 비과세 적용이 가능하다.

장기임대주택 보유세대의 1세대 2주택 비과세 특례

2017년부터 이어진 부동산 가격 폭등에 대응하기 위해 정부에서는 고강도 부동산 가격 안정 대책을 수시로 내놓았고, 장기임대주택 관련 정책은 정부 대책의 단골손님이었다. 정부는 2017년 말에는 임대주택 활성화 대책을 내놓았다가, 2018년부터는 임대주택 요건을 강화하고 임대주택 혜택을 조금씩 줄여나갔으며, 2020년에는 아파트와 단기임대주택을 임대주택으로 등록할 수 없도록 관련법을 개정했다. 부동산 시장 현황에 따라 장기임대주택 관련 조항은 변화를 거듭해왔고, 양도세가 현존하는 가장 어려운 세법이 되는데 큰 '공헌'을 했다.

그 결과 장기임대주택을 언제 취득하였는지, 언제 등록하였는지, 아파트인지 아닌지, 민간임대주택법에 따라 단기로 등록하였는지, 장기로 등록하였는지, 등록시점의 기준시가가 얼마였는지, 매입하여 임대하였는지, 건설하여 임대하였는지, 조정대상지역에 있는지, 몇 채를 임대하였는지, 임대료를 5% 이상 증액하였는지 등 수많은 변수가 세금에 영향을 미치게 되었다.

문제는 각각의 요건에 따라 해당 임대주택이 장기임대주택이 되어 양도한 거주주택이 1세대 1주택 비과세를 적용받을 수도 있고, 그냥 일반주택이 되어 중과세율을 적용받고 장특공제는 적용받지 못할 수도 있다는 것이다. 법조문 하나로 천국행과 지옥행이 결정되는 셈이다.

그리고 관련 법령들이 정부의 대책 발표 때마다 개정됨에 따라 전문가들조차 조문 해석에서 이견을 보이고 있어 최근 들어 양도세 분야에서 납세자와 과세관청 간의 다툼이 가장 많은 분야 중 하나가 장기임대주택 관련 규정이다. 따라서 거주주택 특례를 적용받으려는 독자가 있다면 반드시 거주주택을 양도하기 전에 세무전문가와 상의해 볼 것을 권해드린다.

참고로 일정 요건을 충족하는 장기임대주택을 보유하고 있으면 세법에서는 크게 다음과 같은 세 가지의 혜택이 주어진다.

① 장기임대주택과 2년 이상 거주한 거주주택을 보유한 1세대가 거주주택을 양도하는 경우 거주주택 비과세 특례 적용(뒤에서 자세히 살펴볼 것이다)
② 장기임대주택을 양도할 경우 다주택자에 대한 양도세 중과세율 적용이 배제되고 장특공제도 적용 가능
③ 종합부동산세에서 장기임대주택은 합산배제

장기임대주택 요건 충족 후 거주주택 양도 시 비과세 적용

국내에 장기임대주택과 2년 이상 거주한 주택을 보유한 1세대가 거주주택을 양도할 경우에는 1세대 1주택으로 보아 비과세 여부를 판단한다.[1]

---

1 이 책에서는 설명의 편의상 장기임대주택을 1채 임대한 것으로 설명하지만 주택 여러 채를 임대해도 1채를 임대한 경우와 법 적용 측면에는 아무런 차이가 없다.

단, 거주주택 양도 특례는 생애 한 차례만 적용받을 수 있다.

1] 적용 요건

① 주택을 취득하고 2년 이상 보유하고 동시에 2년 이상 거주한 주택을 양도해야 한다.

② 거주주택 양도일 현재 임대주택이 아래의 장기임대주택 요건(㉮~㉰)을 모두 충족해야 한다.

㉮ 아래 중 어느 하나에 해당하는 임대주택이어야 한다.

ㄱ. 매입임대주택 : 민간매입 임대주택으로 ⓐ 임대개시일 당시 기준시가 6억 원(수도권 밖은 3억 원) 이하, ⓑ 1호 이상 임대, ⓒ 5년 이상 임대, ⓓ 2018. 3. 31.까지 사업자등록 등을 한 주택

ㄴ. 기존임대주택 : 2003. 10. 29. 이전 임대주택으로 등록한 민간매입 임대주택으로 ⓐ 임대개시일 당시 기준시가 3억 원 이하, ⓑ 국민주택규모 이하, ⓒ 2호 이상 임대, ⓓ 5년 이상 임대한 주택

ㄷ. 건설임대주택 : 민간건설임대주택으로 ⓐ 임대개시일 당시 기준시가 6억 원 이하, ⓑ 대지 298m^2, 주택 연면적 149m^2 이하, ⓒ 2호 이상 임대, ⓓ 5년 이상 임대하거나 분양전환하는 주택, ⓔ 2018. 3. 31.까지 사업자등록 등을 한 주택

ㄹ. 미분양 임대주택 : 2008. 6. 11. ~ 2009. 6. 30.까지 최초로 분양계약을 체결하고 계약금을 납부한 수도권 밖의 미분양주택으로 ⓐ 취득 당시 기준시가 3억 원 이하, ⓑ 대지 298m^2, 주택 연면적 149m^2 이하, ⓒ 같은 시·군에서 5호 이상 임대, ⓓ 5년 이상 임대한 주택

ㅁ. 장기일반민간매입임대주택 : 장기일반민간매입임대주택으로 등록한 주택으로 ⓐ 임대개시일 당시 기준시가 6억 원(수도권 밖은 3억 원) 이하, ⓑ 10년 이상 임대한 주택

ㅂ. 장기일반민간건설임대주택 : 장기일반민간건설임대주택으로 등록한 주택으로 ⓐ 임대개시일 당시 기준시가 6억 원 이하, ⓑ 대지 298m^2, 주택 연면적 149m^2 이하, ⓒ 2호 이상 임대, ⓓ 10년 이상 임대하거나 분양전환 하는 주택

※ ㄱ(매입임대주택), ㄷ(건설임대주택), ㄹ(미분양 임대주택), ㅁ(장기일반민간매입임대주택)에 해당하는 주택의 경우 의무임대기간의 2분의 1 이상을 임대한 상태에서 민간임대주택법 개정에 따라 자진등록 말소하는 경우에는 위 주택의 여러 요건 중 의무임대기간 요건은 충족한 것으로 본다. 자진등록 말소를 하더라도 의무임대기간 요건 외의 다른 요건은 모두 갖춰야 하는 것에 주의해야 한다.

㉯ 양도일 현재 세무서에 사업자등록을 하고, 시·군·구에 민간임대주택으로 등록하여 임대하고 있어야 한다.

㉰ 1년 이내 임대료 등 증가율이 5%를 초과하지 않아야 한다.

장기임대주택 요건 충족 전 거주주택 양도 시 비과세 적용 가능

장기임대주택과 거주주택을 보유한 1세대가 장기임대주택의 요건을 모두 충족한 후에 거주주택을 양도해야 비과세를 적용하는 것이 원칙이나, 장기임대주택의 임대기간 요건을 충족하기 전에 거주주택을 먼저 양도하는 경우에도 해당 임대주택을 장기임대주택으로 보아 일단 비과세를 적용한다.

1) 사후관리

이 경우 세무서에서는 장기임대주택의 임대기간 요건을 충족하였는지의 여부를 사후관리하므로, 사후에 임대기간 요건을 채우지 못한 경우[2]에는 그 사유가 발생한 날이 속하는 달의 말일부터 2개월 이내에 세금 차액을 납부해야 한다.[3]

2) 임대기간 요건의 산정특례

다만, 아래와 같이 부득이하게 임대기간을 채우지 못한 경우에는 임대기간 요건 적용의 예외를 인정하고 있다.

① 수용 등 부득이한 사유로 해당 임대기간 요건을 충족하지 못하게 되거나 임대의무호수를 임대하지 않게 된 때에는 해당 임대주택을 계속 임대하는 것으로 본다.

② 재건축사업, 재개발사업 등으로 주택을 임대하지 못한 경우, 해당 주택의 관리처분계획인가일 전 6개월부터 준공일 후 6개월까지의 기간은 '임대의무호수를 임대하지 않은 기간'에 포함하지 않는다.

③ 리모델링으로 주택을 임대하지 못한 경우, 해당 주택의 사업계획의 승인일 또는 리모델링의 허가일 전 6개월부터 준공일 후 6개월까지의 기간

---

2 장기임대주택의 임대의무호수를 임대하지 않은 기간이 6개월을 지난 경우를 포함한다.

3 세금 차액은 거주주택 양도 당시 해당 임대주택을 장기임대주택으로 보지 않을 경우에 납부했을 세액에서 거주주택 양도 당시 비과세를 적용받아 납부한 세액을 차감하여 구한다.

은 '임대의무호수를 임대하지 않은 기간'에 포함하지 않는다.

④ (아파트 또는 단기임대주택으로 등록된) 임대주택이 다음의 어느 하나에 해당하여 등록이 말소되어 임대기간 요건을 갖추지 못하게 된 때에는 그 등록이 말소된 날에 해당 임대기간 요건을 갖춘 것으로 본다.

ㄱ. 임대의무기간의 2분의 1 이상을 임대한 경우로써 임대사업자가 임대 의무기간 내 등록을 스스로 말소 신청하여 등록이 말소(자진등록 말소)된 경우

ㄴ. 임대의무기간이 종료한 날 등록이 자동적으로 말소(자동말소)된 경우

⑤ 재개발, 재건축사업, 리모델링 등으로 임대 중이던 당초의 장기임대주택이 멸실된 후 새로 취득한 주택이 아파트[4]인 경우로서, 민특법상 폐지유형에 해당하여 장기임대주택의 임대기간 요건을 갖추지 못하게 된 때에는 당초 주택에 대한 등록이 말소된 날 해당 임대기간 요건을 갖춘 것으로 본다. 다만, 임대의무호수를 임대하지 않은 기간이 6개월을 지난 경우는 임대기간 요건을 갖춘 것으로 보지 않는다.

폐지유형 장기임대주택 말소 5년 이내에 거주주택 양도 시 비과세 적용

(아파트 또는 단기임대주택으로 등록된) 임대주택이 자동말소되거나 자진말

---

4 당초 주택이 단기민간임대주택으로 등록되어 있었던 경우에는 모든 주택을 말한다.

소된 경우, 등록이 말소⁵된 후 5년 이내에 거주주택을 양도할 경우에는 임대기간 요건을 갖춘 것으로 보아 거주주택 비과세 특례 규정을 적용한다.

---

5 장기임대주택을 2호 이상 임대하는 경우에는 최초로 등록이 말소되는 장기임대주택의 등록 말소 이후를 말한다.

거주주택 특례 비과세 거주요건

장기임대주택과 2년 이상 거주한 1주택을 소유하고 있는 1세대가 해당 거주주택을 양도하는 경우 1주택만을 소유한 것으로 보아 1세대 1주택 비과세 규정을 판단한다. 이때 거주주택은 비조정대상지역 내에 있다고 하더라도 반드시 2년 이상 거주해야만 한다.

Q 甲씨는 2015. 1. 31. 서울에 있는 A주택을 취득하여 2017. 12. 1. 주택임대 사업을 등록하였다. 이후, 甲씨는 2019. 6. 1. 비조정대상지역의 B주택을 취득하여 거주하던 중 근무지가 변경되어 거주기간 2년을 채우지 못하고 2022. 12. 31. 양도하였다. 거주주택 특례 비과세가 적용될까?

'15. 1. 31. A주택	'17. 12. 1. A주택	'19. 6. 1. B주택	'22. 12. 31. B주택
▲	‖	▲	▽
취득	임대등록	취득(비조정)	양도(비과세?)

A 장기임대주택과 그 밖의 1주택(거주주택)을 소유하고 있는 1세대가 2년 이상 보유 및 거주한 거주주택을 양도하는 경우에는 거주주택만을 소유하고 있는 것으로 보아 1세대 1주택 비과세를 적용해 주는 특례가 있다. 그러나, 위 특례는 장기임대주택이 임대기간 요건 등 「소득세법」상 여러 요건을 모두 충족해야 하고, 조정대상지역 내에 있는지의 여부와는 무관하게 거주주택을 2년 이상 보유 및 거주한 경우에 한해서만 적용한다.

사례의 경우 거주주택에 해당하는 B주택이 2년 이상 거주요건을 충족하지 못하였으므로 1세대 1주택 비과세 특례규정이 적용되지 않는다.

거주주택 특례와 일시적 2주택 특례, 중복 적용 가능

1세대 1주택 비과세 규정 적용 시 '장기임대주택 소유 시 거주주택 특례'와 '일시적 1세대 2주택 비과세 특례'는 중복 적용이 가능하다.

Q 甲씨는 2005. 1. 31. A주택을 취득하여 2년 이상 거주하였고, 2017. 12. 1. 투자 목적으로 B주택을 취득하여 곧바로 구청에 임대등록을 하고 세무서에 사업자등록을 하였다. 이후 甲씨가 이사 목적으로 2021. 6. 1. C주택을 취득하고 A주택을 2022. 12. 31.에 양도한 경우 1세대 1주택 비과세 적용이 가능할까(A, B, C 주택은 모두 조정대상지역 내에 있다)?

```
    '05. 1. 31.            '17. 12. 1.            '21. 6. 1.            '22. 12. 31.
     A주택                  B주택                 C주택                 A주택
- - - - ▲ - - - - - - - - - - - - - ▲·ǁ - - - - - - - - - - - ▲ - - - - - - - - - - - - - - - ▽ - - - -
    취득(거주)             취득·임대등록            취득               양도(비과세?)
```

A 1세대 1주택 비과세 규정 적용 시 장기임대주택 소유 시 거주주택 특례와 일시적 1세대 2주택 비과세 특례는 중복 적용이 가능하다.

　따라서, 위 사례의 경우 B주택이 장기임대주택 요건을 갖추었고, 신규주택(C주택) 취득일로부터 2년 이내에 종전주택이자 2년 이상 거주한 A주택을 양도하였으므로 비록 양도 당시 3주택자에 해당하지만 1세대 1주택 비과세 적용이 가능하다.

임대주택 임대기간 요건 충족 전에 거주주택 양도 시 비과세 특례 적용

장기임대주택과 2년 이상 거주한 1주택을 소유하고 있는 1세대가 해당 거주주택을 양도하는 경우 1주택만을 소유한 것으로 보아 1세대 1주택 비과세 규정을 판단한다. 이때 1세대가 장기임대주택의 임대기간 요건을 충족하기 전에 거주주택을 양도하는 경우에도 거주주택 비과세 특례 적용이 가능하다.

Q 甲씨는 2015. 1. 31. 서울에 있는 A주택을 취득하여 2018. 12. 1.에 구청과 세무서에 주택임대사업을 등록하였다. 이후 甲씨는 2019. 6. 1. B주택을 취득하여 계속 거주하다가 2022. 12. 31. B주택을 양도하였다. 거주주택 특례 비과세가 적용될까?

'15. 1. 31. A주택	'18. 12. 1. A주택	'19. 6. 1. B주택	'22. 12. 31. B주택
▲	‖	▲	▽
취득	임대등록, 8년	취득(거주)	양도(비과세?)

A 임대주택의 임대기간 요건을 충족하기 전에 거주주택을 양도하는 경우에도 거주주택 비과세 특례 적용이 가능하다. 따라서, B주택에 대해서는 일단 거주주택 비과세가 적용되지만 이후에 A주택을 계속 임대하여 임대기간 요건을 충족하여야 한다. 위 사례와 같이 임대기간 요건을 충족하기 전에 거주주택을 양도하는 경우 국세청에서는 납세자가 장기임대주택 요건을 충족하였는지 여부를 사후관리한다.

만일 거주주택 비과세를 적용받은 후 임대주택이 임대기간 요건이나 임대료 5% 상한 규정 등 장기임대주택 요건을 충족하지 못하게 된 경우에는 비과세를 적용받은 양도세를 해당 사유가 발생한 날의 말일부터 2개월 이내에 신고·납부해야 한다.

임대주택 자동·자진말소된 경우 5년 이내 거주주택 양도해야 비과세 적용 가능

장기임대주택이 민특법에 따라 자동말소되거나 임대의무기간의 1/2 이상 임대 후 납세자가 자진말소하는 경우에는 그 등록이 말소된 후 5년 이내에 거주주택을 양도하면 거주주택 비과세 특례 적용이 가능하다.

Q 甲씨는 2016. 1. 31. A주택을 취득하여 계속하여 거주하던 중, B아파트를 2017. 8. 1. 취득하여 2018. 6. 30. 구청과 세무서에 주택임대사업을 등록하였다가 2022. 7. 10. 임차인의 동의를 받고 임대사업자 자진등록을 말소하였다. 甲씨가 2년 이상 거주한 A주택을 2022. 12. 31. 양도할 경우 거주주택 비과세 특례가 적용될까?

'16. 1. 31. A주택	'17. 8. 1. B아파트	'18. 6. 30. B아파트	'22. 7. 10. B아파트	'22. 12. 31. A주택
▲	▲	‖	‖	▽
취득(거주)	취득	임대등록(8년)	자진말소	양도(비과세?)

A 장기임대주택인 B아파트를 민특법에 따라 임대의무기간의 1/2 이상을 임대하고 자진등록 말소하였고, 말소한 이후 5년 이내에 2년 이상 거주한 A주택을 양도하였으므로 거주주택 비과세 특례가 적용된다.

거주주택 비과세 특례, 생애 한 번만 적용

2019. 2. 12. 이후 주택임대사업자가 거주기간 요건 등을 충족한 거주주택을 양도하는 경우 생애 1번만 거주주택 비과세 특례를 적용한다.

Q 甲씨는 A거주주택과 B임대주택을 소유하고 있다가 2019. 6. 30. A주택을 양도하고 거주주택 비과세 특례를 1회 적용받았다. 이후 C주택을 2020. 7. 10.에 취득하여 계속 거주하다가 2022. 12. 31. 양도할 경우 C주택에 대하여 거주주택 비과세 특례가 적용될까?

A 2019. 2. 12. 이후 주택임대사업자가 거주기간 요건 등을 충족한 거주주택을 양도하는 경우 생애 최초 1회 거주주택 비과세 특례가 적용된다.

따라서, 위 사례의 경우 이미 A주택을 양도할 때 거주주택 비과세 특례를 적용받았으므로 C주택에서 2년 이상 거주하고 B아파트가 장기임대주택 요건을 모두 충족한다고 하더라도 더 이상 거주주택 비과세 특례를 적용받을 수 없다.

임대주택 자동말소 후에는 장기임대주택 요건 준수 안 해도 거주주택 비과세 특례 가능

임대주택이 자동말소된 경우에는 계속 임대 요건, 임대료 5% 증액 제한 요건, 사업자등록 유지 요건을 준수하지 않더라도 거주주택 비과세 특례가 적용된다.

Q 甲씨는 A거주주택과 B임대주택(4년)을 소유하고 있다가 민특법 개정에 따라 B임대주택의 등록이 자동말소되자 B임대주택의 사업자등록을 폐업하였다. 이후 2022. 12. 31. A거주주택을 양도할 경우 거주주택 비과세 특례가 적용될까?

'16. 1. 31. A주택	'16. 12. 1. B아파트	'20. 12. 1. B아파트	'21. 1. 10. B아파트	'22. 12. 31. A주택
▲	▲	‖	‖	▽
취득(거주)	취득(임대등록)	임대 자동말소	사업자 폐업	양도(비과세?)

A 임대주택이 자동말소된 경우 자동말소일로부터 5년 이내에 거주주택 양도 시 거주주택 비과세 특례가 적용되며, 임대주택이 자동말소된 경우에는 계속 임대 요건, 임대료 증액 제한 요건, 사업자등록 유지 요건을 준수하지 않더라도 거주주택 비과세 특례 적용이 가능하다.

따라서, 위 사례의 경우 B임대주택이 자동말소된 이후 5년 이내에 A거주주택을 양도하였으므로 거주주택 비과세 특례 적용이 가능하다.

재개발·재건축사업으로 임대주택 멸실 시 시·군·구청의 등록말소 이전에 거주주택 양도하면 거주주택 비과세 특례 가능

임대 중이던 장기임대주택이 재개발·재건축사업으로 멸실된 후 새로 취득한 주택이 민특법상 임대주택으로 등록이 불가능한 경우에는 장기임대주택에 대한 등록이 말소된 날 해당 장기임대주택의 임대기간 요건을 충족한 것으로 본다.

Q 甲씨는 A거주주택과 B아파트(임대등록)를 소유하고 있던 중 임대하던 B아파트가 재개발사업이 시행됨에 따라 멸실되었다. 이후 구청의 임대사업자 등록이 말소되기 전인 2022. 11. 10. A거주주택을 양도하였다. 거주주택 비과세 특례가 적용될까?

'16. 1. 31. A주택	'16. 12. 1. B아파트	'20. 12. 1. B아파트	'22. 11. 10. A주택	'22. 12. 31. B아파트
▲	▲	‖	▽	‖
취득(거주)	취득(임대등록)	재개발 멸실	양도(비과세?)	구청 등록말소

A 재개발·재건축 사업으로 임대주택이 멸실되어 임대등록이 말소되었더라도 관할 시·군·구청의 임대등록 말소 이전에 거주주택을 양도한 경우에는 임대주택등록이 말소된 날 해당 장기임대주택의 임대기간 요건을 충족한 것으로 본다.

따라서 위 사례의 경우 관할 구청에서 B임대주택등록을 말소하기 전에, 2년 이상 거주한 A주택을 양도하였으므로 거주주택 비과세 특례 적용이 가능하다.

기타 1세대 2주택 비과세 특례

문화재 주택을 보유한 세대의 1세대 2주택 비과세

국내에 문화재 주택과 일반주택을 각각 1개씩 보유한 상태에서 일반주택을 양도할 경우에는 1세대 1주택으로 보아 비과세 여부를 판단한다.

1) 적용 요건

① 일반주택을 양도할 경우에만 적용된다.

② 문화재 주택은 문화재보호법에 따른 지정문화재나 국가등록문화재여야 한다.

농어촌 주택을 보유한 세대의 1세대 2주택 비과세

수도권 밖의 읍(도시지역 제외)·면 지역에 소재하는 주택(농어촌주택)과 일반주택을 각각 1개씩 보유한 상태에서 일반주택을 양도할 경우에는 1세대 1주택으로 보아 비과세 여부를 판단한다. 단, 귀농주택의 경우 5년 이내에 일반주택을 양도한 경우에만 특례를 적용한다.

1] 적용 요건

① 일반주택 양도에 대해서만 적용된다.

② 농어촌주택의 요건

ㄱ. 상속받은 주택으로 피상속인이 취득 후 5년 이상 거주한 주택

ㄴ. 이농인(離農人), 이어인(離漁人)이 취득 후 5년 이상 거주한 이농주택

ㄷ. 영농·영어의 목적으로 취득한 귀농주택

부득이한 사유로 주택을 취득한 세대의 1세대 2주택 비과세

취학, 근무상의 형편, 질병의 요양, 그 밖에 부득이한 사유로 취득한 수도권 밖에 소재하는 주택과 일반주택을 각각 1개씩 소유하고 있는 1세대가 부득이한 사유가 해소된 날부터 3년 이내에 일반주택을 양도하는 경우에는 국내에 1개의 주택을 소유하고 있는 것으로 보아 비과세 여부를 판단한다.

1] 적용 요건

① 부득이한 사유가 해소된 날부터 3년 이내에 일반주택을 양도한 경우에 한해서 적용된다.

② 부득이한 사유란 세대의 구성원 중 일부 또는 세대 전원이 아래의 어느 하나에 해당하는 사유로 수도권 밖의 다른 시·군으로 주거를 이전하는 것을 말한다.

ㄱ. 고등학교 또는 대학교 취학

ㄴ. 직장의 변경이나 전근 등 근무상 필요

ㄷ. 1년 이상의 치료나 요양을 필요로 하는 질병의 치료 또는 요양

ㄹ. 학교폭력으로 인한 전학

실무! | 농어촌주택 상속받아 소유한 상태에서 일반주택 취득 후 양도한 경우, 1세대 1주택 비과세 가능

상속주택 특례 비과세는 상속개시 당시 보유한 주택(일반주택)에 대해서만 적용된다. 그러나 상속받은 주택이 일정 요건을 갖춘 농어촌주택에 해당한다면 상속개시일 이후에 일반주택을 취득하고 양도하여도 1세대 1주택 비과세를 적용받을 수 있다.

Q 甲씨는 2015. 2. 1. 아버지(별도세대)로부터 A농어촌주택을 상속받았다. 이후 B주택을 2017. 6. 1. 취득한 후 2022. 12. 31. 양도한 경우 1세대 1주택 비과세 적용이 가능할까?

'05. 1. 31. A농어촌주택	'15. 2. 1. A농어촌주택	'17. 6. 1. B주택	'22. 12. 31. B주택
▲	▲	▲	▽
취득(아버지)	상속 취득(甲)	취득(甲)	양도(비과세?)

A 상속주택 특례는 상속개시 당시 보유한 일반 1주택을 양도한 경우에 한해서 적용되는 것이 원칙이다. 다만, 상속주택이 농어촌주택[1]에 해당하는 경우에는 상속개시 당시 보유한 주택이 아닌 상속개시 후에 취득한 주택을 양도할 때에도 1개의 주택을 소유하고 있는 것으로 보아 1세대 1주택 비과세 여부를 판단한다.

따라서, 위 사례의 경우 B주택은 1세대 1주택 비과세 적용이 가능하다.

---

1 농어촌 상속주택 요건. ① 피상속인이 5년간 거주한 사실이 있어야 한다. ② 수도권 밖의 읍(도시지역 제외)·면 지역에 소재해야 한다.

Chapter 4

주택에 대한 비과세 –
1세대 3주택

앞에서 살펴본 바와 같이 부득이하게 1세대가 2주택이 된 경우에
는 양도자가 1주택만을 가지고 있는 것으로 간주하여 1세대 1주택
비과세 특례를 적용한다. 그런데 '이사를 위해 일시적 2주택자가 된
상황에서 갑자기 주택을 상속받은 경우'처럼 부득이한 사유가 동시에
발생하여 1세대 3주택자가 된 경우는 어떨까?

다주택자에게 비과세 혜택을 주지 않는 것은 투기 방지가 목적이
다. 투기 목적이 없다면 일시적 2주택자와 일시적 3주택자를 다르게
취급할 이유는 없다. 따라서, 부득이하게 1세대가 2주택이 되는 경우
가 동시에 발생해서 1세대 3주택이 된 경우에도 1세대 1주택 비과세
를 적용받을 수 있다[1].

1세대 3주택 이상인 경우 양도세 비과세 적용 여부에 따라 양도
세가 수억 원 이상 차이가 나는 것은 흔한 일이 되었다. 다주택자는
주택을 양도하기 전에 양도주택 비과세가 가능한지 꼼꼼히 확인해야
한다. 주택을 양도한 후에는 되돌릴 방법이 없기 때문이다. 그럼 1세
대 3주택 이상이면서 실무상 비과세되는 경우를 사례별로 살펴보자.

---

1 부득이하게 1세대가 3주택 이상이 된 경우 양도세를 비과세한다는 규정은 세법
이 아닌 기획재정부나 국세청 예규에서 찾을 수 있다.

일시적 2주택과
거주주택 특례의 중복

거주(종전)주택＋장기임대주택＋신규주택 ➡ 거주(종전)주택 양도

甲씨는 2014. 1. 1. A주택을 취득하여 2년 이상 거주하였고 B주택을
2018. 1. 1. 취득한 후 장기임대주택으로 등록하였다. 이후 이사를 목적
으로 2022. 6. 30. C주택을 취득하였고 2022. 12. 31. A주택을 양도하였
다. A주택 양도일 현재 1세대 3주택인 甲씨는 1세대 1주택 비과세를 적
용받을 수 있을까(A, B, C 주택은 모두 조정대상지역 내에 있다)?

'14. 1. 1. A주택	'18. 1. 1. B주택	'22. 6. 30. C주택	'22. 12. 31. A주택
▲	▲	▲	▽
거주(종전)주택	장기임대주택	신규주택	양도(비과세?)

장기임대주택 요건을 모두 갖춘 장기임대주택(B주택)과 2년 이상 거주

한 1주택(A주택)을 보유한 1세대가 거주주택(A주택)을 양도하는 경우에는 거주주택 비과세 특례에 따라 1세대 1주택 비과세 적용이 가능하다.

또한, 비과세 요건을 갖춘 주택(A주택) 보유자가 종전주택 취득 후 1년이 지난 후 신규주택(C주택)을 취득하고, 신규주택 취득 후 2년 내에 종전주택을 양도하면 종전주택(A주택)은 1세대 1주택 비과세를 받을 수 있다.

위와 같이 1세대 1주택 특례가 중복되어 적용되는 경우 거주(종전)주택인 A주택은 비록 양도 당시 1세대 3주택에 해당하더라도 1세대 1주택 비과세를 적용받을 수 있다.

일시적 2주택과
상속주택 특례의 중복

일반(종전)주택＋상속주택＋신규주택 ➡ 일반(종전)주택 양도

甲씨는 2014. 1. 1. A주택을 취득하여 2년 이상 거주하였고 B주택을
2018. 1. 1. 상속으로 취득하였다. 이후 이사를 목적으로 2022. 6. 30. C
주택을 취득하였고 2022. 12. 31. A주택을 양도하였다. A주택 양도일 현
재 1세대 3주택인 甲씨는 1세대 1주택 비과세를 적용받을 수 있을까(A,
B, C 주택은 모두 조정대상지역 내에 있다)?

'14. 1. 1. A주택	'18. 1. 1. B주택	'22. 6. 30. C주택	'22. 12. 31. A주택
▲	▲	▲	▽
일반(종전)주택	상속	신규주택	양도(비과세?)

1주택(A주택) 보유자가 상속(B주택)으로 2주택이 된 경우 먼저 양도하

는 일반주택[1]은 1세대 1주택 비과세 적용이 가능하다.

또한, 비과세 요건을 갖춘 주택(A주택) 보유자가 종전주택 취득 후 1년이 지난 후 신규주택(C주택)을 취득하고, 신규주택 취득 후 2년 내에 종전주택을 양도하면 종전주택(A주택)은 1세대 1주택 비과세를 받을 수 있다.

위와 같이 1세대 1주택 특례가 중복되어 적용되는 경우 일반(종전)주택인 A주택은 비록 양도 당시 1세대 3주택에 해당하더라도 1세대 1주택 비과세를 적용받을 수 있다.

하지만 상속주택인 B주택을 먼저 양도하거나, 신규로 취득한 C주택을 양도할 경우에는 비과세 특례가 적용되지 않는다. 1세대 1주택 특례가 중복 적용되는 경우에는 주택 양도 순서가 중요하다는 점을 꼭 기억해야 한다.

---

1 특례대상 주택과 대비되는 주택으로 상속주택, 임대주택, 농어촌주택 등이 아닌 주택을 이하에서는 '일반주택'이라 한다.

일시적 2주택과 결혼주택 특례의 중복

일반(종전)주택＋일반주택＋신규주택 ➡ 일반(종전)주택 양도

甲씨는 2014. 1. 1. A주택을 취득하여 2년 이상 거주하였고 B주택을 보유한 乙씨와 2019. 1. 1. 결혼하였다. 이후 이사를 목적으로 2022. 6. 30. C주택을 취득하였고 2022. 12. 31. A주택을 양도하였다. A주택 양도일 현재 1세대 3주택인 甲씨는 1세대 1주택 비과세를 적용받을 수 있을까 (A, B, C 주택은 모두 조정대상지역 내에 있다)?

'14. 1. 1. A주택	'18. 1. 1. B주택	'19. 1. 1. 甲씨 & 乙씨	'22. 6. 30. C주택	'22. 12. 31. A주택
▲	▲	‖	▲	▽
甲취득	乙취득	결혼	취득	양도(비과세?)

각각 1주택을 보유하던 자가 결혼하여 1세대 2주택이 된 경우 혼인신

고일로부터 5년 이내에 먼저 양도하는 일반주택은 1세대 1주택 비과세 적용이 가능하다.

또한, 비과세 요건을 갖춘 주택(A주택) 보유자가 종전주택 취득 후 1년이 지난 후 신규주택(C주택)을 취득하고, 신규주택 취득 후 2년 내에 종전주택을 양도하면 종전주택(A주택)은 1세대 1주택 비과세를 받을 수 있다.

위와 같이 1세대 1주택 특례가 중복되어 적용되는 경우 일반(종전)주택인 A주택은 비록 양도 당시 1세대 3주택에 해당하더라도 1세대 1주택 비과세를 적용받을 수 있다.

참고로 이사로 인한 2주택과 동거봉양으로 인한 2주택이 중복되는 경우에도 위 사례와 동일하게 1세대 1주택 비과세가 적용된다.

일시적 2주택과 농어촌주택 특례의 중복

일반(종전)주택 + 농어촌주택(고향주택) + 신규주택 ➡ 일반(종전)주택 양도

甲씨는 2014. 1. 1. A주택을 취득하여 2년 이상 거주하였고 조특법상 농
어촌주택에 해당하는 B주택을 2018. 1. 1에 취득하였다. 이후 이사를
목적으로 2022. 6. 30. C주택을 취득하였고 2022. 12. 31. A주택을 양도
하였다. A주택 양도일 현재 1세대 3주택인 甲씨는 1세대 1주택 비과세를
적용받을 수 있을까(A, B, C 주택은 모두 조정대상지역 내에 있다)?

'14. 1. 1. A주택	'18. 1. 1. B주택	'22. 6. 30. C주택	'22. 12. 31. A주택
▲	▲	▲	▽
일반(종전)주택	농어촌주택	신규주택	양도(비과세?)

1주택자가 조특법에서 정하는 농어촌주택[1]이나 고향주택[2]을 취득하고 3년 이상 보유하면, 농어촌주택이나 고향주택을 취득하기 전에 보유하던 일반주택을 양도할 때 농어촌주택 등은 없는 것으로 보아 1세대 1주택 비과세를 적용한다.

또한 비과세 요건을 갖춘 주택(A주택) 보유자가 종전주택 취득 후 1년이 지난 후 신규주택(C주택)을 취득하고, 신규주택 취득 후 2년 내에 종전주택을 양도하면 종전주택(A주택)은 1세대 1주택 비과세를 받을 수 있다.

위와 같이 1세대 1주택 특례와 농어촌주택(고향주택) 특례가 중복되어 적용되는 경우 일반(종전)주택인 A주택은 비록 양도 당시 1세대 3주택에 해당하더라도 1세대 1주택 비과세를 적용받을 수 있다.

---

1 일반주택이 소재한 지역이 아니고, 수도권·도시지역·조정대상지역 등에도 해당되지 않는 지역의 읍·면·동(인구 20만 이하 시)에 소재하는 주택으로, 취득 당시 기준시가 2억 원 이하인 주택을 말한다.

2 일반주택이 소재한 지역이 아니고, 수도권·조정대상지역 등에도 해당되지 않고, 동시에 가족관계등록부에 10년 이상 등재 및 거주한 사실이 있는 인구 20만 이하 시 지역에 소재한 주택으로, 취득 당시 기준시가 2억 원 이하인 주택을 말한다.

결혼 및 상속으로 인한 1세대 3주택 비과세

일반주택＋일반주택＋상속주택 ➡ 일반주택 양도

甲씨는 2014. 1. 1. A주택을 취득하여 2년 이상 거주하였고 B주택을 보유한 乙씨와 2019. 1. 1. 결혼하였다. 이후 2022. 6. 30. C주택을 상속으로 취득하였고 2022. 12. 31. A주택을 양도하였다. A주택 양도일 현재 1세대 3주택인 甲씨는 1세대 1주택 비과세를 적용받을 수 있을까?

'14. 1. 1. A주택	'18. 1. 1. B주택	'19. 1. 1. 甲씨 & 乙씨	'22. 6. 30. C주택	'22. 12. 31. A주택
▲	▲	‖	▲	▽
甲취득	乙취득	결혼	상속주택	양도(비과세?)

　　각각 1주택을 보유하던 자가 결혼하여 1세대 2주택이 된 경우 혼인신고일로부터 5년 이내에 먼저 양도하는 일반주택은 1세대 1주택 비과세

적용이 가능하다.

또한, 1주택자가 상속으로 2주택이 된 경우에 상속 당시 보유 중이던 일반주택을 양도할 때는 1세대 1주택 비과세 적용이 가능하다.

각각 1주택을 보유하던 자가 결혼하여 1세대가 2주택을 보유하다가 주택을 상속받아 1세대가 3주택을 보유하게 된 경우, 결혼한 날부터 5년 이내에 먼저 양도하는 A주택 또는 B주택은 이를 1세대 1주택으로 보아 비과세를 적용한다.

다만, 앞의 두 사례에서 본 것처럼 상속으로 취득한 C주택을 먼저 양도한다면 당연히 1세대 1주택 비과세는 적용받을 수 없다.

결혼 및 거주 주택 특례의 중복

일반(거주)주택 + 장기임대주택 + 일반주택 ➡ 일반(거주)주택 양도

甲씨는 2014. 1. 1. A주택을 취득하여 2년 이상 거주하였고 B주택을 2017. 1. 1에 취득한 후 장기임대주택으로 등록하였다. 이후 C주택을 보유한 乙씨와 2019. 1. 1. 결혼하였고 2022. 12. 31. A주택을 양도하였다. A주택 양도일 현재 1세대 3주택인 甲씨는 1세대 1주택 비과세를 적용받을 수 있을까?

'14. 1. 1. A주택	'17. 1. 1. B주택	'18. 6. 30. C주택	'19. 1. 1. 甲씨 & 乙씨	'22. 12. 31. A주택
▲	▲	▲	‖	▽
甲취득	甲임대주택	乙취득	결혼	양도(비과세?)

각각 1주택을 보유하던 자가 결혼하여 1세대 2주택이 되는 경우 혼인

신고일로부터 5년 이내에 먼저 양도하는 일반주택은 1세대 1주택 비과세 적용이 가능하다.

또한, 장기임대주택 요건을 모두 갖춘 장기임대주택(B주택)과 2년 이상 거주한 1주택(A주택)을 보유한 자가 거주주택(A주택)을 양도하는 경우에는 거주주택 비과세 특례에 따라 1세대 1주택 비과세 적용이 가능하다.

위와 같이 1세대 1주택 특례가 중복되어 적용되는 경우 거주(종전)주택인 A주택은 양도 당시 1세대 3주택에 해당하더라도 1세대 1주택 비과세를 적용받을 수 있다.

참고로 위 사례에서 甲씨가 가지고 있던 A주택을 양도하지 않고 乙씨가 가지고 있던 C주택을 양도한 경우에도 1세대 1주택 비과세를 적용받을 수 있다.

상속 및 거주 주택
특례의 중복

일반(거주)주택＋장기임대주택＋상속주택 ➡ 일반(거주)주택 양도

甲씨는 2014. 1. 1. A주택을 취득하여 2년 이상 거주하였고 B주택을 2017. 1. 1. 취득한 후 장기임대주택으로 등록하였다. 이후 C주택을 2018. 6. 30에 상속받았고 2022. 12. 31. A주택을 양도하였다. A주택 양도일 현재 1세대 3주택인 甲씨는 1세대 1주택 비과세를 적용받을 수 있을까?

'14. 1. 1. A주택	'17. 1. 1. B주택	'18. 6. 30. C주택	'22. 12. 31. A주택
▲	▲	▲	▽
거주(일반)주택	장기임대주택	상속주택	양도(비과세?)

1주택자가 상속으로 2주택이 된 경우 상속 당시 보유 중이던 일반주

택(A주택)을 양도할 경우에는 1세대 1주택 비과세 적용이 가능하다.

또한, 장기임대주택 요건을 모두 갖춘 장기임대주택(B주택)과 2년 이상 거주한 1주택(A주택)을 보유한 1세대가 거주주택(A주택)을 양도할 경우에는 거주주택 비과세 특례에 따라 1세대 1주택 비과세 적용이 가능하다.

위와 같이 1세대 1주택 특례가 중복되어 적용되는 경우 일반(거주)주택인 A주택은 비록 양도 당시 1세대 3주택에 해당하더라도 1세대 1주택 비과세를 적용받을 수 있다.

다만, 앞의 두 사례에서 본 것처럼 상속으로 취득한 C주택을 먼저 양도한다면 당연히 1세대 1주택 비과세는 적용받을 수 없다.

일시적 2주택·상속주택·거주주택 특례의 중복

일반(거주)주택＋장기임대주택＋상속주택＋신규주택 ➡ 일반(거주·종전)주택 양도

甲씨는 2014. 1. 1. A주택을 취득하여 2년 이상 거주하였고 B주택을 2017. 1. 1. 취득한 후 장기임대주택으로 등록하였다. 이후 C주택을 2018. 6. 30. 상속받았고 이후 이사를 목적으로 2022. 6. 30. D주택을 취득하였다. 甲씨는 2022. 12. 31. A주택을 양도하였다. A주택 양도일 현재 1세대 4주택인 甲씨는 1세대 1주택 비과세를 적용받을 수 있을까(A, B, C 주택은 모두 조정대상지역 내에 있다)?

'14. 1. 1. A주택	'17. 1. 1. B주택	'18. 6. 30. C주택	'22. 6. 30. D주택	'22. 12. 31. A주택
▲	▲	▲	▲	▽
거주(종전)주택	임대주택	상속 취득	신규주택	양도(비과세?)

1세대 1주택 특례가 두 번 중복되는 경우 1세대 1주택 비과세가 적용되었다. 그런데 위 사례의 경우 상속으로 인한 일시적 2주택, 장기임대주택 요건을 갖춘 거주주택 비과세, 이사에 따른 일시적 2주택 등 세 가지 특례 적용이 가능하다. 위의 사례와 같이 1세대 1주택 특례가 세 번 중복되는 경우에도 1세대 1주택 비과세가 적용될까?

　　현재까지 기재부나 국세청에서는 1세대 1주택 특례가 두 번 중복되는 경우에는 1세대 1주택 특례를 적용하지만, 세 번 중복되는 경우에는 1세대 1주택 비과세를 적용하지 않는다는 취지의 예규를 여러 번 내놓았다(법령해석 재산-0624, 2019. 11. 7.).

　　따라서, 1세대 1주택으로 보는 특례는 두 번 중복되는 경우까지만 인정된다고 기억해두자.

1세대 4주택자의 1세대 1주택 비과세 적용 방법

일반(거주)주택＋장기임대주택＋농어촌주택＋신규주택 ➡ 일반(거주·종전)주택 양도

甲씨는 2014. 1. 1. A주택을 취득하여 2년 이상 거주하였고, B주택을 2017. 1. 1. 취득한 후 장기임대주택으로 등록하였다. 이후 조특법상 농어촌주택에 해당하는 C주택을 2018. 6. 30. 취득하였고, 이후 이사를 목적으로 2022. 6. 30. D주택을 취득하였다. 甲씨는 2022. 12. 31. A주택을 양도하였다. A주택 양도일 현재 1세대 4주택인 甲씨는 1세대 1주택 비과세를 적용받을 수 있을까(A, B, C 주택은 모두 조정대상지역 내에 있다)?

'14. 1. 1. A주택	'17. 1. 1. B주택	'18. 6. 30. C주택	'22. 6. 30. D주택	'22. 12. 31. A주택
▲	▲	▲	▲	▽
거주(종전)주택	장기임대주택	농어촌주택	신규주택	양도(비과세?)

앞에서 기재부나 국세청에서는 1세대 1주택 특례가 세 번 중복되는 경우에는 1세대 1주택 비과세를 적용하지 않는다고 설명하였다.

하지만 위 사례의 경우에는 1세대 4주택임에도 불구하고 1세대 1주택 비과세를 적용받을 수 있다. 甲씨가 비과세를 적용받을 수 있는 이유는 조특법상 감면 주택인 농어촌주택을 보유하고 있기 때문이다.

조특법상 농어촌주택(고향주택)은 1세대 1주택 판정 시 양도자가 보유하고 있는 주택으로 보지 않는다. 따라서, 농어촌주택을 없는 주택으로 취급하면 위 사례는 1세대 1주택 특례가 두 번 중복되는 경우에 해당한다.

따라서, 농어촌주택이나 고향주택처럼 조특법상 감면받는 주택을 보유한 상태에서 1세대 1주택 특례가 두 번 중복 적용되는 경우에는 1세대 4주택자라고 하더라도 1세대 1주택 비과세 규정을 적용받을 수 있다.

Chapter 5

1세대 다주택자
중과

다주택자가 조정대상지역 내의 주택을 매도하면 양도세가 추가 과세되고, 장특공제도 적용되지 않아서 이중의 불이익을 당하게 되는데 이를 '다주택자 중과'라고 한다.

후술하듯 다주택자에게 세금을 중과하는 것에 대해 논란이 이어져 왔다. 누진세인 양도세율에 중과세율까지 더해지면 조정대상지역 내 다주택자에게는 최고 75%(지방세까지 더하면 82.5%)의 세율이 적용되는데, 미등기 양도자산에 대해 징벌적으로 부과되는 세율이 70%라는 점을 고려할 때 너무 과하다는 주장이 그것이다.

문제는 정부가 집값이 오를 때 다주택자 중과 제도를 도입했는데, 무거워진 세부담이 부동산 거래를 막는 장벽이 되고 이는 다시 집값 상승을 부채질하는 악순환이 거듭되어 왔다는 것이다. 게다가 다주택자들은 정부가 뭐라고 하던 집을 팔지 않고 버티면 언젠가는 다시 제도가 바뀐다는 사실을 학습을 통해서 확인해 왔다.

작년까지는 부동산 투기 억제가 지상과제였지만 이미 경제 상황은 변하고 있다. 서울 아파트값이 10년 만에 최대폭으로 하락했다거나 건설업체 도산이 증가했다고 하면서 주택경기를 살리는 정책이 필요하다는 이야기가 나오기 시작한다. 다주택자 중과 규정의 미래가 궁금해진다.

다주택자
중과 요건

양도일 현재 '다주택자'가 양도한 '주택'이어야 함

1세대 1주택자가 양도한 주택이거나, 주택이 아닌 토지나 상가용 오피스텔 등을 양도하면 다주택자 중과가 적용되지 않는다.

1세대가 보유한 주택 수를 계산할 때
주의할 사항

① 1세대가 보유한 주택 수를 계산할 때 수도권 및 광역시, 특별자치시, 읍·면 지역 외의 지역에 소재하는 주택 및 이에 부수되는 토지의 기준시가 합계액이 3억 원을 초과하지 않는 주택은 주택 수 계산에서 제외한다. 여기서 조심해야 할 점은 양도세 중과를 따질 때만 주택 수에서 제외되고, 1세대 1주택 비과세 등 다른 규정에서는 모두 주택 수에 포함된다는 것이다.

② 다가구주택은 한 가구가 독립하여 거주할 수 있도록 구획된 부분을 하나의 주택으로 보는 것이 원칙이나, 해당 다가구주택을 일괄 양도하면 양도자의 보유 주택 수를 계산할 때 전체를 하나의 주택으로 본다.

③ 공동상속주택은 상속지분이 가장 큰 상속인 소유로 주택 수를 계산한다. 상속지분이 같은 경우에는 상속주택에 거주하는 자, 최연장자 순에 따라 소유자를 결정한다

'조정대상지역 내'에 있는 주택을 양도한 경우이어야 함

다주택자가 주택을 양도해도 조정대상지역 내의 주택[1]이 아니면 다주택자 중과를 적용하지 않는다.

다주택자 양도세 중과 정책에 대한 논란

주택이 재테크 수단으로 쓰이게 되면 주택보급률이 낮아지고, 주택 가격의 급격한 상승은 경제에 큰 부담이 된다. 정부는 집값을 안정시키기 위해 세금을 활용하고 있으며, 투기 방지와 국민의 주거생활 안정을 위해

---

1 조정대상지역 공고 전에 주택 양도 계약을 체결하고 계약금을 지급받은 사실이 증빙서류에 의해 확인되는 경우에는 조정대상지역 내의 주택 양도로 보지 않는다.

다주택자에게 양도세를 중과하고 있다.

세금을 주택정책에 활용하는 것이 옳은지 여부에 대해서는 아직도 논란이 있다. 그런데 최근에는 '다주택자 양도세 중과가 지나치게 과도한 정책이 아닌가'라는 논란이 제기되고 있다. 양도세에서 가장 강력한 규제인 미등기 양도자산에 대한 양도세 세율이 70%인데, 3주택 이상자의 최고세율이 75%인 것을 보면 위 주장도 나름 근거가 있는 것 같다.

주택을 투기 수단으로 사용하는 사람들을 강력하게 규제해야 한다는 사실에 이견을 제기하기는 어렵다. 그런데 주택 가격은 경제 상황에 따라 부침을 거듭한다. 그리고 주택 가격의 부침에 따라 세법도 변해왔다. 지금은 다주택자를 투기 세력으로 간주하여 온갖 규제를 하고 있지만, 과거에는 정부에서 다주택 보유를 권장하던 때도 있었다.

외환위기나 글로벌 금융위기 같은 세계적인 경제위기 때는 부동산 가격이 폭락하고, 미분양주택이 넘쳐났으며, 건설업도 위기를 맞았다. 그때는 경제적 여유가 있는 사람들이 여러 채의 주택을 구입하는 것이 미덕이었고, (뒤에서 보듯이) 세법에서 양도세를 감면하는 특례규정을 도입했다.

하지만 외환위기를 극복하면서 주택 가격이 급등했고 이를 막기 위해 2005년부터 3주택 중과세 규정이 시행되었으며, 2007년부터는 2주택 중과세 규정이 도입되었다. 이후 주택경기가 진정되고 오히려 주택 거래가 침체될 조짐이 보이자 2012년에는 부동산투기지역 지정을 해제하는 방법으로 다주택자에게 중과세를 적용하지 않았다.

2017년 이후 주택경기가 과열되는 조짐이 보이자 2017. 8. 2. 정부에서는 8·2대책이라는 역대 최강의 거래세 강화 정책을 발표했다. 2017년 이후에도 주택 가격이 폭발적으로 급등하자 정부는 보다 강력한 대책을 마련하여 2주택자에게는 기본세율에 20%를 가산한 세율을, 3주택 이상자에게는 기본세율에 30%를 가산한 중과세율을 적용했다.

단지 다주택자라는 이유만으로 (지방소득세를 포함할 경우) 양도차익의 82.5%까지 세금으로 납부하는 세법이 도입되었지만 부동산 시장의 불안정성은 더욱 커졌다. 종량제로 바뀌기 전에 소주에 붙던 주세(酒稅) 세율이 72%였던 것을 생각하면 놀라운 일이다. 결국 정부의 부동산 정책이 부동산 가격은 잡지 못하고 세법은 사상 유례없이 복잡해지는 결과를 가져왔다는 비판을 피하기 어려울 것 같다.

1세대 2주택자 중과 제외 주택

1세대 2주택자가 (조정대상지역 내에 있는 주택이라도) 아래에 해당하는 주택을 양도하면 양도세 중과 대상에서 제외되고 장특공제를 적용받을 수 있다. 다만, 세법에서 정한 요건을 모두 충족한 경우에만 중과 대상에서 제외되므로, 앞에서 이야기했듯이 혜택에만 주목하지 말고 혜택을 받기 위한 요건이 무엇인지 주의 깊게 살펴보는 것이 중요하다.

1) 지방에 소재한 기준시가 3억 원 이하의 주택

수도권 및 광역시·특별자치시 읍·면 지역 외의 지역에 소재하는 주택으로 해당 주택 및 이에 부수되는 토지의 기준시가 합계액이 양도 당시 3억 원을 초과하지 않는 주택

2) 장기임대주택에 해당하는 주택

세무서에 사업자등록과 민특법상 임대사업자등록을 한 사람이 일정한

요건[1]을 충족하여 임대한 장기임대주택

3) 조특법상 감면 임대주택

5년 이상 임대한 국민주택 규모의 주택으로, 조특법에 따라 양도세가 감면되는 아래의 임대주택

① 장기임대주택

거주자가 2000. 12. 31. 이전에 5호 이상을 임대 개시하여 5년 이상 임대한 후에 양도하는 임대주택

② 신축임대주택

거주자가 1호 이상의 신축임대주택을 포함하여 2호 이상의 임대주택을 5년 이상 임대한 후 양도하는 신축임대주택

③ 미분양주택

「주택법」에 의해 사업계획승인을 얻어 건설하는 주택으로서 해당 주택 소재지를 관할하는 시장·군수·구청장이 미분양주택임을 확인한 주택

4) 장기 사원용 주택

특수관계가 없는 종업원에게 무상으로 제공하는 사용자 소유의 주택으로 당해 무상제공 기간이 10년 이상인 주택

5) 조특법에 따라 양도세가 감면되는 아래 주택

① 공익사업 등 법률에 따라 수용되거나 사업시행자에게 양도하는 주택

---

1 '주택에 대한 비과세 – 1세대 2주택' 편에서 살펴본 장기임대주택의 요건과 같다.

② 거주자가 2008. 11. 3.부터 2010. 12. 31.까지 기간 중에 취득한 수도 권 밖에 소재한 미분양주택

③ 거주자가 2009. 2. 12.부터 2010. 2. 11.(비거주자는 2009. 3. 16.~2010. 2. 11.)까지 취득한 서울시 밖에 소재하는 미분양주택

④ 신축주택기간(1998. 5. 22.~1999. 6. 30.)에 사용승인 또는 사용검사를 받은 주택

6) 지정문화재 및 등록문화재 해당 주택

7) 선순위 상속주택

앞서 '주택에 대한 비과세-1세대 2주택' 편에서 살펴본 상속주택 중 선순위 상속주택에 해당하는 주택으로서 상속받은 날부터 5년 이내에 양도하는 상속주택

8) 저당권 실행 등으로 취득한 주택

저당권을 실행하여 취득하거나 채권 변제를 대신하여 취득한 주택으로서 취득일부터 3년 이내에 양도하는 주택

9) 가정어린이집으로 사용한 주택

1세대의 구성원이 법에 따라 위탁을 받고 고유번호를 부여받은 후 5년 이상 어린이집으로 사용하고, 가정어린이집으로 사용하지 않게 된 날부터 6개월 이내에 양도하는 주택

10) 취학, 근무상의 형편 등 부득이한 사유로 취득한 주택

1세대 구성원 중 일부가 취학, 근무상의 형편, 질병의 요양, 그 밖에 부득이한 사유로 다른 시·군으로 주거를 이전하기 위해 1주택을 취득[2]하여 1세대 2주택이 된 경우 새로 취득한 주택

11) 부득이한 사유로 취득한 수도권 밖에 소재하는 주택

취학, 근무상의 형편, 질병의 요양, 그 밖에 부득이한 사유로 취득한 수도권 밖에 소재하는 주택

12) 동거봉양 주택

동거봉양을 위해 세대를 합쳐서 1세대가 2주택을 보유하게 되는 경우의 해당 주택(단, 세대를 합친 날부터 10년 내에 해당 주택을 양도해야 한다)

13) 결혼 합가 주택

각각 1주택을 소유한 자들이 결혼하여 1세대가 2주택을 소유하게 되는 경우의 해당 주택(단, 결혼한 날부터 5년 내에 해당 주택을 양도해야 한다)

14) 소송 진행 중인 주택

주택 소유권에 관한 소송이 진행 중이거나, 해당 소송 결과로 취득한 주택(단, 소송으로 인한 확정판결일부터 3년 내에 해당 주택을 양도해야 한다)

---

2 기준시가 3억 원 이하의 주택으로 취득 후 1년 이상 거주하고 해당 사유가 해소된 날부터 3년 내에 양도한 경우에만 적용된다.

15) 일시적인 2주택

1주택 소유자가 그 주택을 양도하기 전에 다른 주택을 취득해 일시적으로 2주택을 소유하게 된 경우 종전주택(단, 다른 주택을 취득한 날부터 3년 이내에 해당 주택을 양도해야 한다)

16) 저가주택

주택 양도 당시 기준시가가 1억 원 이하인 주택(단, 도정법 등에 따른 사업시행구역에 소재하는 주택은 제외한다)

17) 위 특례가 적용되는 주택 외의 일반주택

일반주택과 중과배제 사유가 있는 주택[위 1)~16)]을 보유한 1세대 2주택자가 위 1)에서 16)까지에 해당하는 주택을 양도하면 1세대 2주택 중과를 피할 수 있다. 그리고 2주택 중에서 1)~16)에 해당하는 주택이 아닌 나머지 주택을 양도할 경우에도 중과를 적용받지 않는다. 즉 일반주택과 중과배제 사유가 있는 주택[위 1)~16)]을 보유한 경우에는 어떤 주택을 먼저 양도해도 중과를 적용받지 않는다.

18) 1세대 2주택 비과세 특례가 적용되는 주택

① 1주택을 보유하다가 1주택을 상속받은 후, 상속주택 비과세 특례를 적용받아 양도하는 일반주택
② 장기임대주택과 거주주택을 보유하던 1세대가 양도하는 거주주택

1세대 3주택자
중과 제외 주택

1세대 3주택 이상 보유자가 조정대상지역에 있는 주택을 양도할 경우 양도한 주택이 아래 사유에 해당하면 양도세 중과에서 제외된다. 다만, 아래 사유에 해당하더라도 1세대 1주택 비과세를 따질 때 주택 수에서 제외한다거나 중과 대상 주택 수를 따질 때 제외되지는 않는다.

일반인은 물론 일부 세무전문가들도 중과 제외 주택에 해당하면 주택 수를 계산할 때도 빠진다고 잘못 생각하여 1세대 1주택 비과세 규정을 적용하거나, 3주택 중과에 해당하는데 2주택 중과 규정을 적용하는 등의 실수를 저지르는 것을 실무에서 자주 보았다. 이 규정을 혼동하지 않도록 조심해야 한다.

1세대 3주택자 중과에서 제외되는 주택
1) '1세대 2주택 중과 제외 주택' 중 1)~9) 에 해당하는 주택
앞에서 보았던 '1세대 2주택 중과 제외 주택' 중에서 1) ~ 9)에 해당하는 주택은 1세대 3주택 중과에서도 제외된다.

따라서 1세대 3주택 이상인 자가 앞에서 보았던 1) 수도권 및 광역시·특별자치시 읍·면 지역 외의 지역에 소재하는 주택으로서 해당 주택 및 이에 부수되는 토지의 기준시가의 합계액이 양도 당시 3억 원을 초과하지 않는 주택을 양도한 경우, 2) 세무서에 사업자등록과 민특법상 임대사업자 등록을 한 사람이 일정한 요건을 충족하여 임대한 장기임대주택을 양도한 경우 등은 1세대 3주택 중과에서 제외된다.

2) 위 특례가 적용되는 주택 외의 일반주택

1세대가 위 1)에서 9)까지에 해당하는 주택을 제외하고 1개의 주택만을 소유하고 있는 경우 그 해당 주택, 즉 일반주택과 중과배제 사유가 있는 주택[위 1)~9)]을 보유한 경우, 중과배제 주택이 아닌 일반주택을 먼저 양도해도 중과를 피할 수 있다.

3) 1세대 2주택 비과세 특례가 중복되어 적용되는 경우의 주택

① 상속주택 비과세 특례와 이사로 인한 일시적 2주택 특례가 중복되어 적용될 때의 종전(일반)주택
② 거주주택 비과세 특례와 이사로 인한 일시적 2주택 특례가 중복되어 적용될 때의 종전(거주)주택

1세대 2주택에서만 제외되고
3주택에서 제외되지 않는 주택

앞에서 보았듯이 1세대 2주택 중과에서 제외되는 주택과 1세대 3주택 중과에서 제외되는 주택의 요건은 공통점이 많다. 그러나 아래의 주택[1]을 1세대 2주택 상태에서 양도할 경우에는 중과에서 제외되지만 3주택 상태에서 양도할 경우 1세대 3주택 중과의 불이익을 받게 되므로 주의가 필요하다.[2]

10) 취학, 근무상의 형편 등 부득이한 사유로 취득한 주택

11) 부득이한 사유로 취득한 수도권 밖에 소재하는 주택

12) 동거봉양 주택

13) 결혼합가 주택

14) 소송 진행 중인 주택

15) 일시적인 2주택

16) 저가주택

---

1 반괄호의 숫자는 1세대 2주택 중과 제외에서 설명한 번호이다.

2 반괄호로 나열된 내용은 1세대 2주택에서는 중과가 제외되지만 3주택에서는 중과에서 제외되지 않는 주택으로서, 이해의 편의상 1세대 2주택의 번호를 그대로 인용하였다.

해당 사례

'18. 1. 1. A주택	'18. 6. 30. B주택	'19. 1. 1. C주택	'22. 12. 31. C주택
▲	▲	▲	▽
취득	상속주택	저가주택	양도(중과세?)

甲씨는 2018. 1. 1. A주택을 취득하여 보유하던 중 B주택을 2018. 6. 30. 상속으로 취득하였고, 기준시가 1억 원의 저가주택인 C주택을 2019. 1. 1.에 취득하였다가 2022. 12. 31. 양도하였다. C주택 양도에 대해 1세대 3주택 중과가 적용될까(A, B, C 주택은 모두 조정대상지역 내에 있다)?

甲씨는 C주택 양도 당시 A주택, B주택, C주택을 보유하고 있으므로 1세대 3주택자에 해당한다. 한편, A주택과 저가주택인 C주택은 1세대 3주택 중과에서 제외되는 주택으로 열거되어 있지 않다. 따라서 A주택 또는 C주택을 양도하는 경우에는 1세대 3주택 중과세가 적용된다.

만일 C주택이 아니고 B주택(상속주택)을 5년 이내에 먼저 양도한다면, 상속주택은 3주택 중과에서 제외되기 때문에 B주택 양도에 대해서는 양도세 중과세가 적용되지 않는다.

참고로 B주택을 먼저 양도하면 甲씨는 A주택과 C주택을 보유한 1세대 2주택자가 된다. 일반주택은 1세대 2주택 중과에서 제외되는 17)에 해당하는 주택이고 저가주택은 16)에 해당하는 주택이다. 따라서 A주택이나 C주택 모두 1세대 2주택 중과 제외 주택에 해당하므로 어느 주택을 양도하더라도 1세대 2주택 중과세가 적용되지 않는다.

다주택자의 경우 위 사례처럼 양도 순서가 매우 중요하다.

다주택자 양도세 중과 한시적 배제

앞에서 말했듯 다주택자에 대한 각종 규제의 여파로 주택 거래절벽 현상 등 부동산시장에 많은 부작용이 발생하였다. 정부는 다주택자의 주택거래 활성화를 위해 2022. 5. 10.자로 시행령을 개정하여 다주택자가 과중한 세부담 없이 일반세율로 주택을 양도할 수 있도록 하는 출구전략을 내놓았다.

이에 따라 보유기간 2년 이상인 주택을 2022. 5. 10.부터 2023. 5. 9.까지 양도하면 다주택자라도 양도세를 중과하지 않는 것은 물론, 3년 이상 보유한 주택의 경우에는 보유기간에 따라 최고 30%까지 장특공제를 적용할 수 있게 하였다.

다주택자 양도세 중과 한시적 배제

다주택자가 조정대상지역 내에 있는 주택을 양도하는 경우 중과세율이 적용되는 것이 원칙이나, 2022. 5. 10.부터 2023. 5. 9.까지 보유기간 2년 이상인 조정대상지역 내 주택을 양도하는 경우에는 한시적으로 양도세 중과를 배제한다.

Q 甲씨는 조정대상지역 내에 3주택(A·B·C)을 보유하고 있다가 2022. 12. 31. A주택을 양도하였다. 1세대 3주택 중과세율이 적용될까?

'16. 1. 31. A주택	'18. 8. 1. B주택	'20. 6. 30. C주택	'22. 5. 10. 시행령 개정	'22. 12. 31. A주택
▲	▲	▲	‖	▽
취득(서울)	취득(서울)	취득(서울)	시행일	양도(중과?)

A 다주택자가 조정대상지역 내 주택을 양도하는 경우 중과세율을 적용하고 장특공제를 배제하고 있으나, 2022. 5. 10.부터 2023. 5. 9.까지 보유기간 2년 이상인 조정대상지역 내 주택을 양도하는 경우에는 한시적으로 양도세 중과를 배제한다.

따라서, 사례의 경우 기본세율(6~45%) 및 장특공제 표1(6년 이상 보유)의 12% 장특공제율이 적용된다.

민특법상 폐지유형의 임대주택으로서 임대의무기간의 2분의 1 이상을 임대하고 임대의무기간 내 등록말소를 신청한 경우 등록이 말소된 이후 1년 이내에 양도하는 장기임대주택은 양도세 중과가 배제된다.

Q 甲씨는 서울에 있는 B아파트를 2016. 12. 1. 취득하여 구청과 세무서에 주택임대사업을 등록하였다. 이후 甲씨는 2022. 6. 1. B아파트의 임대등록을 자진말소하였고, 2023. 12. 31. B아파트를 양도하였다. 양도세 중과가 배제될까?

'15. 1. 31. A주택	'16. 12. 1. B아파트	'22. 6. 1. B아파트	'23. 12. 31. B아파트
▲	▲	‖	▽
취득(거주)	임대등록, 8년	자진말소	양도(중과?)

A 임대주택이 자동말소되는 경우에는 양도시기에 관계없이 양도세 중과 적용이 배제된다. 그러나 임대주택을 자진말소하는 경우에는 등록말소 이후 1년 이내에 양도해야만 중과가 배제된다.

위 사례의 경우 등록을 말소하고 1년이 경과한 후 B아파트를 양도하였으므로 기본세율에 20%의 추가세율이 적용되고, 장특공제도 적용하지 못한다.

甲씨의 경우 먼저 A주택을 양도하여 거주주택 비과세를 받고, 이후 B아파트를 양도하여 양도세 중과를 피하였다면 양도세를 절세할 수 있다.

다주택자들의 경우 주택의 양도 순서가 매우 중요하다는 점을 기억하자.

Chapter 6

주택임대사업자와 세금

2017. 8. 2. 소위 '8·2대책'이 발표되면서 다주택자에 대한 양도세 부담이 크게 늘어났다. 급하게 집을 팔 수 없는 다주택자를 위해 정부는 2017. 12. 13. 임대주택등록 활성화 방안을 발표하여 주택임대사업자에게 각종 혜택을 주기로 했다.

　　하지만 다주택자 임대주택 등록으로 인한 매물 잠김 현상 등 예상치 못한 부작용이 나타나자 2018. 9. 13. 소위 '9·13대책'을 통해 다주택자의 임대주택 등록을 억제하기 시작했다.

　　특히, 코로나19 극복을 위한 세계적인 유동성 확대로 부동산 등 자산 가격이 급등하자 부동산 가격안정을 위해 정부는 주택임대사업자에게 주던 각종 혜택을 축소하거나 폐지하였고 지금은 주택임대사업자에게 주는 혜택이 거의 없어졌다.

　　하지만 부동산 경기나 경제 상황은 계속 변하고 있다. 최근에는 미국에서 촉발된 금리 인상으로 부동산 시장은 큰 폭으로 하락하고 있으며, 벌써부터 부동산 경기부양 이야기가 나오고 있다.

　　이하 내용을 보면서 현재 주택임대사업자라면 어떤 요건을 갖추어야 세법상 혜택을 받을 수 있는지 알아보고, 주택임대사업자가 아닌 다주택자라면 언제일지 모르겠지만 임대주택 활성화 대책이 발표될 때 어떤 의사결정을 할지 미리 생각해 보는 것도 좋을 것 같다.

다주택자 규제와 주택임대사업자등록

2017. 8. 2. 주택시장 안정화 방안(이하 8·2대책)이 발표되면서 2018. 4. 1. 이후 다주택자가 조정대상지역의 주택을 양도하면 양도세가 중과되고, 장특공제 적용이 배제되어 세부담이 크게 늘어나게 되었다. 다주택자가 세법상 불이익을 피하기 위해서는 2018. 4. 1. 이전에 주택을 양도할 수밖에 없었다. 하지만 갑자기 집을 파는 것은 쉬운 일이 아니었다.

정부는 2017. 12. 13. 임대주택등록 활성화 방안을 발표하여 주택임대사업자로 등록하여 일정 기간 임대한 주택은 다주택자라도 양도세 중과배제, 장특공제 적용, 종부세 합산배제 등 혜택을 주기로 했다. 결국 상당수의 다주택자들은 2018. 4. 1. 이전에 급하게 주택을 양도하는 대신 임대사업자로 등록했다.

하지만 다주택자 임대주택등록으로 인한 매물 잠김 현상, 주택 공급 부족으로 인한 주택 가격 급상승 등 예상치 못한 부작용이 나타나자 임대주택에 대한 혜택을 줄이고, 임대주택 요건을 강화하여 다주택자의 임대주택 등록을 억제하기 시작했다.

2018. 9. 13. 주택시장 안정 대책(이하 9·13대책)을 통해 2018. 9. 14. 이후부터는 조정대상지역 내 주택은 새로 취득하여 주택임대사업자로 등록하더라도 기존의 혜택을 주지 않기로 했고, 임대주택 감면 가액기준을 신설하여 수도권은 6억 원(비수도권은 3억 원) 이하의 주택에 대해서만 혜택을 주도록 요건을 강화했다.

2019. 1. 9. 임대주택 관리 강화 방안에서는 임대사업자 거주주택 비과세를 평생 1회로 제한하였고, 임대료 증가율이 연 5%를 넘으면 세제 혜택을 주지 않도록 요건을 강화하였다. 2020. 7. 10. 주택시장 안정 보완대책(이하 7·10대책)에서는 단기임대(4년)사업자 및 아파트 장기일반매입 임대(8년)사업자는 임대사업자등록 자체를 할 수 없게 하였다.

이러한 일련의 주택임대사업자 규정 개정으로 2022년 현재는 거주주택 비과세 특례를 제외한 대부분의 주택임대사업자에 대한 세제 혜택이 폐지되었다. 지난 3년여 동안 발표되었던 무수히 많은 부동산 관련 대책을 더 자세히 열거하는 것은 큰 의미가 없어 보이므로 이하에서는 임대사업자등록과 관련된 혜택에 대하여 가능한 한 현재의 규정을 기준으로 살펴보기로 한다. 현재 주택임대사업자에게 주는 세금 혜택에는 크게 두 가지가 있다.

첫째는 「소득세법」상 장기임대주택사업자'에게 주는 혜택으로 장기임대주택사업자가 요건을 갖추어 양도하거나 보유하는 '장기임대주택'의 경우 앞서 1세대 2주택 비과세 편에서 살펴본 ① 거주주택 비과세 특례, ② 양도세 중과배제, ③ 종부세 합산배제의 혜택을 준다.

둘째는 「조특법」상 장기일반민간임대주택 사업자'에게 주는 혜택으로 ① 장기일반민간임대주택을 8년(10년) 이상 임대하고 양도하는 경우에는 50%(70%)의 장특공제를 적용해 주고, ② 장기일반민간임대주택을 취득일로부터 3개월 내에 임대등록 하고 10년 이상 임대한 경우에는 양도세를 100% 감면해 준다.

장기임대주택사업자에 대한 세금 혜택

「소득세법」상 장기임대주택사업자가 모든 요건을 갖춰 임대한 주택에 대해서는 ① 거주주택 비과세 특례, ② 양도세 중과배제, ③ 종부세 합산배제의 혜택을 준다. 조특법상으로는 장기임대주택을 6년 이상 임대한 후 양도하는 경우에는 기본 장특공제 표1에서 매년 추가로 장특공제 2%를 최대 10% 한도로 장특공제에 가산하여 적용해 준다.

앞서 '주택에 대한 비과세-1세대 2주택' 편에서는 장기임대주택과 거주주택을 보유하던 중 거주주택을 양도한 경우 비과세를 설명했고, '1세대 다주택자 중과' 편에서는 다주택자의 양도세 중과가 배제되는 장기임대주택에 대해 설명했다. 이번 장에서는 「소득세법」상 장기임대주택의 기본 요건 및 장기임대주택사업자가 지켜야 할 사항 등을 중심으로 설명하겠다.

「소득세법」상 장기임대주택의 기본 요건

① 임대개시 당시 기준시가가 수도권은 6억 원(지방은 3억 원) 이하의 주택이어야 한다.

② 세무서에 사업자등록을 해야 한다.

③ 지자체에 민특법상 임대사업자등록을 해야 한다.

민특법상 임대주택

민특법상 임대사업자등록은 임대주택을 매입하였는지 혹은 자기가 직접 건설하였는지에 따라 매입임대주택과 건설임대주택으로 구분된다. 매입·건설 임대주택은 임대기간에 따라 단기임대주택(4년), 장기임대주택(8년)으로 구분된다. 따라서, 민특법상 임대주택은 ① 단기매입임대주택, ② 장기매입일반민간임대주택, ③ 단기건설임대주택, ④ 장기건설일반민간임대주택으로 구분된다.

과거에는 민특법상 모든 임대주택을 장기임대주택 요건을 충족하는 주택으로 보았으나 2017. 12. 13. 대책이 발표되면서 2018. 4. 1. 이후 등록하는 단기임대주택(4년)은 「소득세법」상 장기임대주택에서 제외되었다. 따라서, 2018. 4. 1. 이후 등록하는 ① 단기매입임대주택과 ③ 단기건설임대주택은 「소득세법」상 장기임대주택에 해당하지 않는다.

9·13대책이 발표된 2018. 9. 13. 이후부터는 1주택 이상을 보유한 상태에서 조정대상지역 내 주택을 새로 취득한 후 임대등록을 하더라도 장기임대주택 혜택을 받을 수 없게 되었다. 다만, 단기임대주택이나 2018. 9. 13.

이후 취득한 조정대상지역 내 주택이어도 거주주택 비과세 특례는 여전히 받을 수 있다.

④ 임대의무기간[1] 동안 임대해야 한다.

⑤ 2019. 2. 12. 이후 임대차계약을 갱신하거나 새로 임대차계약을 체결할 때는 임대료 및 임대보증금 증가율이 5%를 초과하지 않아야 한다.

2022년 현재 장기임대주택에 대한 혜택

1) 거주주택 비과세 혜택

장기임대주택 요건을 충족한 주택을 보유한 상태에서 2년 이상 거주한 주택을 양도하면 1세대 1주택 비과세가 적용된다. 이러한 거주주택 특례 비과세는 단기(4년)나 장기(8년), 취득시기 혹은 등록시기에 상관없이 기준시가 요건 등 다른 장기임대주택 요건을 충족하면 받을 수 있다.

2) 2018. 9. 13. 이전에 취득한 아파트 외의 주택

2018. 9. 13. 이전에 매입한 '아파트를 제외한' 빌라, 다가구, 다세대, 주거용 오피스텔 등의 주택을 장기매입일반민간임대주택으로 등록하여 10년 이상 임대하는 경우에는 「소득세법」상 세 가지 혜택(① 거주주택 비과세 특

---

1 임대의무기간은 당초 5년이었으나, 2018. 4. 1. 이후 등록한 경우에는 8년 이상, 2020. 8. 12. 이후 등록한 경우에는 10년 이상 임대해야 한다.

례 ② 양도세 중과배제 ③ 종부세 합산배제)을 모두 받을 수 있다.

바꿔 말하면 2022년 현재 ① 아파트, ② 민특법상 단기임대주택, ③ (1주택 이상을 보유한 상태에서) 2018. 9. 13. 이후 조정대상지역 내 주택을 새로 취득(다만, 자신이 신축한 것은 제외한다)한 때에는 다른 모든 장기임대 주택 요건을 갖추더라도 더 이상 장기임대주택의 혜택을 받을 수 없다.

甲씨는 2018. 1. 1. 조정대상지역인 서울의 A아파트를 취득하여 계속 거주하고 있고, 이후 서울의 B빌라를 2018. 9. 1에 취득하여 보유하고 있다(B빌라의 2023년 기준시가는 6억 원이다). 甲씨는 A아파트를 양도하면 양 도세 중과가 유예될 것으로 생각하여 2023. 4. 1. 아파트 매도계약을 체 결하였고 잔금은 2023. 6. 30에 받기로 했다.

참고로 다주택자 양도세 중과 한시적 유예 기간은 2022. 5. 10.~2023. 5. 9.까지이므로 A아파트를 양도할 경우 甲씨에게는 다주택자 중과 규정 이 적용된다. 이 경우 甲씨가 양도세 중과를 피하는 방법은 무엇일까?

'18. 1. 1. A아파트	'18. 6. 30. B빌라	'23. 4. 1. A아파트	'23. 6. 30. C주택
▲	▲	‖	▽
거주주택	취득	매도계약 체결	양도(비과세? 중과?)

양도일은 잔금청산일이 원칙이나 잔금을 청산하기 전에 소유권이전 등기를 먼저 하면 소유권이전등기일이 양도일이 된다. 따라서 2023. 5. 9. 전에 소유권을 양수인에게 이전하면 양도세 중과 유예기간 안에 A아파 트를 양도한 것이 되어서 양도세 중과를 피할 수 있다.

잔금을 받기 전에 소유권을 이전해 주는 것이 불안하다면, 잔금일인

2023. 6. 30. 이전에 세무서에 주택임대사업자등록을 하고, 지자체에 B빌라를 장기일반매입임대주택으로 등록한 후 A아파트의 잔금을 받으면 1세대 2주택 비과세 특례, 즉 거주주택 비과세를 받을 수 있다. 이 경우 당연히 양도세는 중과되지 않는다. 다만 甲씨는 10년 이상 B빌라를 임대해야 하며, 임대기간 중 임대료를 5% 이상 올리지 않는 등 장기임대주택 요건을 모두 준수해야 한다.

3) 장기건설일반민간임대주택

자신이 '신축(=건설)'한 주택을 장기건설일반민간임대주택(임대의무기간 10년)으로 등록하고 세법상 장기임대주택의 요건을 충족한 경우에는 여전히 「소득세법」상 세 가지 혜택(① 거주주택 비과세 특례 ② 양도세 중과배제 ③ 종부세 합산배제)을 모두 받을 수 있다. 다만, 신축이 아닌 매매·증여·상속 등으로 취득한 주택은 장기매입일반민간임대주택(임대의무기간 10년)으로 등록해도 거주주택 비과세 특례 외의 혜택은 받을 수 없다는 점에 주의해야 한다.

장기일반민간임대주택사업자에 대한 세금 혜택

조특법상 장기일반민간임대주택사업자가 요건을 갖춰 임대한 주택에 대해서는 ① 고율(8년 이상 임대 50%, 10년 이상 임대 70%)의 장특공제 또는 ② 양도세 100% 감면(다만, 감면세액의 20%를 농어촌특별세로 납부해야 한다) 혜택이 있었다.[1]

다만, 앞에서 본 바와 같이 임대주택에 대한 각종 혜택이 축소되는 과정에서 ① 고율의 장특공제 규정은 2020. 12. 31.까지 임대주택으로 등록한 경우에만 적용되도록 했고, ② 양도세 100% 감면 규정은 2018. 12. 31.까지 임대주택을 취득한 경우에만 적용되도록 하였다. 2022년 현재는 모든 혜택 조항이 일몰(폐지)되었다.

---

1 ①과 ②의 혜택은 중복 적용되지 않고 둘 중 유리한 것 하나를 납세자가 선택할 수 있다.

조특법상 장기일반민간임대주택 기본 요건

① 당초에는 기준시가 요건이 없었으나, 2018. 9. 13. 이후 주택을 취득한 경우에는 임대개시 당시 기준시가가 수도권 6억 원(지방 3억 원) 이하여야 한다.

② 전용면적이 국민주택 규모인 85㎡ 이하의 주택이어야 한다.

③ 세무서에 사업자등록을 해야 한다.

④ 지자체에 민특법상 장기일반임대사업자로 등록해야 한다.

　ㄱ. 고율의 장특공제 규정을 적용받기 위해서는 2020. 12. 31.까지 지자체에 장기일반민간임대주택(구 준공공임대주택)으로 등록해야 한다.

　ㄴ. 양도세 100% 감면 규정을 적용받기 위해서는 2015. 1. 1.~2018. 12. 31.까지 취득한 주택(2018. 12. 31.까지 매매계약을 체결하고 계약금을 납부한 경우 포함)을 취득일로부터 3개월 내에 지자체에 장기일반민간임대주택(구 준공공임대주택)으로 등록해야 한다.

⑤ 임대의무기간 동안 임대해야 한다.

　ㄱ. 고율의 장특공제 규정을 적용받기 위해서는 8년 이상(2020. 8. 12.부터 2020. 12. 31.까지 등록하는 아파트 외의 주택은 10년 이상) 계속하여 임대해야 한다.

　ㄴ. 양도세 100% 감면 규정을 적용받기 위해서는 10년 이상 계속하여 임대해야 한다.

⑥ 임대료 및 임대보증금의 증가율이 5%를 초과하지 않아야 한다.

자진말소된 임대주택을 계속 임대했을 때

임대주택을 8년 이상 등록·임대한 경우에는 50%, 10년 이상 등록·임대한 경우에는 70%의 장특공제율이 적용된다. 다만, 임대등록이 말소된 이후의 기간은 등록 요건을 갖추지 못한 기간에 해당되므로 계속 임대해도 임대한 기간으로 인정받을 수 없다.

Q 甲씨는 서울에 있는 B아파트를 2016. 12. 1.에 취득하여 구청과 세무서에 주택임대사업자로 등록하였다. 이후, 민특법이 개정되어 장기일반민간임대주택 중 아파트는 임대의무기간이 종료되면 임대등록이 자동말소된다. 甲씨가 임대등록이 말소된 이후에도 임대의무 요건을 모두 준수하여 추가로 2년을 더 임대한 후 B아파트를 양도하는 경우 임대주택을 10년 이상 등록·임대한 경우에 적용되는 장특공제율 70%를 적용받을 수 있을까?

'15. 1. 31. A주택	'16. 12. 1. B아파트	'24. 12. 1. B아파트	'26. 12. 31. B아파트
▲	▲	‖	▽
취득(거주)	임대등록, 8년	자동말소	양도(중과?)

A 임대주택이 말소된 이후의 기간은 등록·임대 요건 중 등록 요건을 충족하지 못한 것이 되어 조특법상 장특공제 추가세율 적용을 위한 임대 기간으로 인정받을 수 없다.

위 사례의 경우 8년 동안 등록·임대하였으므로 장특공제율은 50%가 적용된다.

Chapter 7

조합원입주권과
재개발·재건축 주택

8

국토가 좁고 수도권에 인구가 집중된 우리나라에서 수도권 주택난을 해결하기 위한 유력한 방법 중 하나가 재개발·재건축이라는 사실을 부인하기는 어렵다. 이에 따라 서울과 수도권의 재개발·재건축은 앞으로도 끊이지 않을 것이고, 당연히 조합원입주권 거래는 계속될 수밖에 없을 것이다.

문제는 낡고 오래된 주택을 재개발·재건축하는 과정에서 청산금 납부액·환급액 등이 발생하고, 언제까지를 구주택으로 간주하고 언제부터 새로운 주택으로 보는지 등 복잡한 문제가 생긴다는 것이다. 이런 이유로 세법에서는 조합원입주권이나 재개발·재건축으로 취득한 주택을 양도한 경우에는 일반적인 양도세 계산 방법과는 다른 특별한 계산 방법을 적용하도록 별도의 규정을 두고 있다.

이번 장에서는 재개발·재건축과 관련하여 세법에서 특별하게 규정하고 있는 내용에 대하여 살펴볼 것이다. 다만, 이는 재산 분야의 전문가들도 어려워하는 부분이므로 모든 것을 이해하려 하기보다 조합원입주권과 재개발·재건축으로 완성된 주택의 양도는 일반주택의 양도와는 다른 특별한 규정이 적용된다는 정도만 이해해도 좋을 듯하다.

조합원
입주권

앞에서 본 바와 같이 조합원입주권이란 도정법에 따른 관리처분계획인가 및 빈소법에 따른 사업시행계획인가에 의해 취득한 입주자로 선정된 지위를 말한다. 조합원입주권은 주택이 아니고 부동산을 취득할 수 있는 권리지만 2006. 1. 1. 이후 취득한 경우는 주택처럼 취급하여 1세대 1주택 비과세와 다주택자 중과 규정을 적용할 때 주택 수에 포함하여 계산한다. 조합원입주권을 주택처럼 취급하여 주택 수에 포함시키기는 하지만, 원칙적으로 조합원입주권은 주택이 아니라는 사실을 잊어서는 안 된다.

도정법과 빈소법에 따른 주택과 조합원입주권 구분

종전주택 취득 ──────→	관리처분계획인가 ·········→	준공(사용승인) ──────→
──────────→	←·················→	──────────→
Ⓐ 구주택(A)	Ⓑ 조합원입주권(a)	Ⓒ 신주택(A⁺)

관리처분계획인가일 전까지는 구주택으로 보고, 관리처분계획인가일부터 준공(사용승인)일 전까지는 조합원입주권으로 보며, 준공일 이후는 신주택으로 본다. 따라서 Ⓐ 및 Ⓒ 구간에서 자산을 양도한 경우는 주택의 양도로 보아 양도세를 부담하고, Ⓑ구간에서 자산을 양도한 경우는 조합원입주권의 양도로 보아 양도세를 계산한다.

빈소법에 따른 주택과 조합원입주권 구분은 도정법과 같다. 다만, 도정법에서는 '관리처분계획인가일'을 기준으로, 빈소법에서는 '사업시행계획인가일'을 기준으로 조합원입주권 여부를 판단한다. 따라서 빈소법상 사업시행계획인가일 전까지는 구주택으로 보고, 사업시행계획인가일부터 준공(사용승인)일 전까지는 조합원입주권으로 보며, 준공일 이후는 신주택으로 본다.

조합원입주권 양도세 개요

거주자가 관리처분계획인가일 전에 종전주택을 양도하면 일반적인 주택 양도와 같은 방식으로 양도세를 계산하면 된다. 하지만 관리처분계획인가일 후에 조합원입주권이 된 상태에서 자산을 양도하거나 공사가 완료된 후에 완성된 주택을 양도하면 다른 방법으로 양도세를 계산한다. 아울러 청산금을 수령한 경우에는 특별한 방법으로 양도세를 계산한다.

조합원입주권은 부동산이 아닌 부동산에 관한 권리이다. 따라서 다주택자가 조정대상지역 내의 조합원입주권을 양도해도 양도세 중과가 적용되지 않는다. 양도세 중과는 다주택자가 조정대상지역 내의 '주택'을 양도할 때 적용되기 때문이다. 같은 논리로 조합원입주권은 종부세를 계산할 때도 주택가액에 합산되지 않는다.

서울 A, B, C 주택+서울 ⓓ조합원입주권 : ⓓ 조합원입주권 양도 → 중과 ×

서울 A, B, C 주택+서울 ⓓ조합원입주권 : A주택 양도 → 중과 ○

하지만 조합원입주권이 부동산에 관한 권리임에도 불구하고 1세대 1 조합원입주권 등에 해당하는 경우는 양도한 입주권에 대해 비과세가 적용된다.

비과세되는 '조합원입주권' 양도

1) 1세대 1조합원입주권 양도

조합원입주권은 주택이 아니므로 1세대 1주택 비과세가 적용되지 않는 것이 당연해 보인다. 그러나 조합원입주권은 구주택이 신주택으로 변하는 과도기 상태에 있는 것으로 볼 수 있으므로 이를 주택처럼 취급하여 1세대 1주택 비과세나 다주택자 중과 판단 시 주택 수에 포함하고 있다.

이에 따라 양도일 현재 1세대가 1조합원입주권만을 보유한 상태에서 해당 조합원입주권을 양도한 경우는 조합원입주권으로 변하기 전의 구 주택을 기준으로, 관리처분계획인가일 현재 비과세 요건을 갖추면 비과세가 가능하다. 즉, 관리처분계획인가일 현재 구주택을 2년 이상 보유하였다면 해당 조합원입주권에 대해서는 1세대 1조합원입주권 비과세를 적용한다.[1]

---

1 다만, 양도가액이 12억 원을 초과하는 경우에는 고가주택 양도 때와 마찬가지로 12억 원 초과분에 대해 양도세가 과세되고, 2017. 8. 3. 이후 조정대상지역 내 주택을 취득한 경우는 2년 거주도 해야 한다.

2) 1조합원입주권자, 1주택 취득 후 1조합원입주권을 양도한 경우

관리처분계획인가일 현재 구주택을 2년 이상 보유하여 비과세 요건을 갖춘 상태에서 신규주택을 취득하고, 신규주택을 취득한 날로부터 3년 내에 조합원입주권을 양도하면 비과세가 적용된다. 비과세 요건을 충족한 1주택자가 신규주택을 취득하고 취득한 날로부터 3년 내[2]에 종전주택을 양도하면 비과세를 적용하는 '이사 목적의 일시적 2주택'과 유사한 규정이다.

법원에 경매를 신청하거나, 공매가 진행 중인 경우 등 일부 예외는 있으나, 일반적으로 신규주택을 취득하고 3년이 경과된 후 조합원입주권을 양도하거나, 신규주택을 먼저 양도한 경우에는 비과세가 적용되지 않는다.

1세대 1주택 비과세는 종류도 많고 내용이 유사한 것도 많아 전문가들도 어려워한다. 하지만 세법상 조합원입주권을 양도했을 때 비과세하는 것은 위의 1)과 2) 두 가지밖에 없다. 주택을 양도했을 때 적용하는 비과세 규정을 조합원입주권에 잘못 적용하는 경우를 실무에서 종종 보아왔으므로 각별한 주의가 필요하다.

비과세되는 '주택' 양도(주택과 조합원입주권을 보유한 경우)

1) 1주택 보유자, 1조합원입주권 취득 후 1주택을 양도한 경우

종전주택을 보유한 지 1년이 지나서 조합원입주권을 취득하고, 조합원입주권을 취득한 후 3년 내에 종전주택을 양도한 경우는 1세대 1주택 비과세가 적용된다. 물론 종전주택은 비과세 요건을 갖추어야 한다. 비과세

—

2   종전·신규 주택 모두 조정대상지역 내에 있는 경우에는 2년 이내

요건을 충족한 1주택자가 신규주택을 취득하고 신규주택을 취득한 날로부터 3년 내에 종전주택을 양도하면 비과세하는 '이사 목적의 일시적 2주택'과 유사한 규정이다.

2) 1조합원입주권자, 주택 취득 후 1주택을 양도한 경우

종전주택이 재개발·재건축으로 멸실되면 불가피하게 다른 거주할 곳을 마련해야 한다. 주택 보유자가 이사 목적으로 대체주택을 취득하고 일정기간 내에 종전주택을 양도하면 비과세가 적용되나, 대체취득한 주택을 먼저 양도하면 양도세가 부과된다.

하지만 재개발·재건축 과정에서 주택을 대체취득하는 것은 거주 목적상 부득이한 상황으로 볼 수 있으므로 대체주택을 먼저 양도한 경우에도 예외적으로 비과세를 적용한다. 다만, 투기 목적으로 악용되는 것을 방지하기 위해 아래의 요건을 모두 충족한 경우에만 대체주택 양도에 비과세를 적용한다.

① 재개발·재건축 등 정비사업의 사업시행인가일 후에 대체주택을 취득하고 대체주택에 1년 이상 거주해야 한다.
② 재개발·재건축 주택이 완공된 후 2년 내에 그 주택으로 세대 전원(취학, 근무상 형편 등 부득이한 경우 제외)이 이사하여 1년 이상 계속 거주해야 한다.
③ 재개발·재건축 주택이 완공되기 전후 2년 내에 대체주택을 양도해야 한다.

대체주택의 경우는 일반적인 1세대 1주택 비과세에서 요구하는 보유 및 거주 기간의 제한을 받지 않는다. 요즘처럼 양도세가 엄격하게 과세되는 상황에서는 이례적으로 큰 혜택이다. 이런 이유에서인지 부동산 가격 상승기에 재테크에 밝은 일부 납세자들은 노후된 고가 아파트가 재건축 등으로 멸실되는 과정에서 대체주택 비과세 규정을 이용해 세테크를 하는 경우가 종종 있는 듯하다.

승계조합원의 조합원입주권

관리처분계획인가일 전에 구주택 등을 소유하여 조합원 지위를 얻은 사람을 원시조합원이라 하고, 관리처분계획인가일 후에 원시조합원으로부터 조합원입주권을 매입한 사람을 승계조합원이라고 한다. 승계조합원은 관리처분계획인가일 후에 주택이 아닌 부동산을 취득할 수 있는 권리를 취득한 것이므로 양도일 현재 조합원입주권이 1개이고 2년 이상 보유했어도 비과세를 적용받을 수 없다.

조합원입주권을 양도한 경우 양도세 계산

조합원입주권을 양도한 경우, 양수자에게서 실제 받은 금액이 양도가액이 된다. 하지만 취득가액은 단순히 종전주택의 구입가액으로 해서는 안된다. 조합원입주권을 양도한 경우는 다소 복잡한 계산 방법이 사용되는데, 종전주택이 조합원입주권으로 바뀌기 전까지의 구간 즉, 주택이었던 기간의 양도차익과 관리처분계획인가일 이후 권리가 된 기간의 양도차익을 각각 구하고 둘을 합하여 양도차익을 계산한다.

이때 구주택의 기간에 발생한 양도차익에 대해서는 장특공제가 적용되고, 권리의 기간인 관리처분계획인가일 이후에 발생한 양도차익은 장특공제가 적용되지 않는다. 장특공제는 부동산을 3년 이상 보유한 경우에만 적용되기 때문에 부동산을 취득할 수 있는 권리는 아무리 오래 보유해도 장특공제가 적용되지 않는다.

조합원입주권 양도세를 계산할 때는 청산금을 받았는지 또는 추가로 부담했는지에 따라 계산 방식이 달라진다. 통상적으로 구주택의 평가액과 신주택 취득을 위한 비용은 일치하지 않는다. 조합원 분양가액(신주택 취득가액)이 조합원의 권리가액[3]보다 크면 추가로 분담금을 납부하고, 분양가액이 권리가액보다 적으면 차액만큼의 대가를 받게 될 것이다. 이러한 분양가액과 권리가액의 차이를 청산금이라고 한다.

분양가액(10억 원) > 권리가액(5억 원) : 추가분담금(납부청산금) 5억 원
분양가액(5억 원) < 권리가액(10억 원) : 환지청산금(수령청산금) 5억 원

재개발·재건축 조합원입주권을 양도한 경우는 기존 부동산 양도차익과 입주권프리미엄 양도차익으로 구분하여 양도세를 계산한다. 이해의 편의를 위해 조합원입주권 양도세 계산 사례를 소개한다. 생각보다는 어렵지 않으니 한번 시도해 보길 권한다.

---

3 구주택의 평가액 × 비례율

청산금을 납부한 경우의 양도세 계산 사례(소득령§166 ① 1)

(백만 원)

① 기존 부동산 양도차익   ② 입주권 프리미엄 양도차익

'16. 12. 31.	'20. 1. 31.	'22. 6. 30.
A아파트 취득	관리처분계획인가일 (A아파트→a조합원입주권)	a입주권 양도
▲	‖	▽
취득가액 : 100 중개비용 : 10	구 A아파트 평가액 : 300 신 아파트 분양가액 : 500 청산금 납부금액 : 200	양도가액 : 1,000 중개비용 : 50

1) 양도차익 : 6억4천만 원(① + ②)

① 기존 부동산 양도차익 : 1억9천만 원

   = A아파트 평가액 3억 원 − A아파트 취득가액 1억 원 − 기존건물 필요경비 1천만 원

② 조합원입주권 프리미엄 양도차익 : 4억5천만 원

   = 양도가액 10억 원 − (기존 A아파트 평가액 3억 원 + 납부한 청산금 2억 원) − 양도비 5천만 원

2) 장특공제[4] : 1억9천만 원 × 6% = 1천140만 원

3) 양도소득금액 : 6억2천860만 원

4) 양도소득기본공제 : 250만 원

5) 과세표준 : 6억2천610만 원

6) 산출세액 : 2억2천756만 원(= 6억2천610만 원 × 42% − 3천540만 원)

---

4   기존 부동산 양도차익에 표1을 적용

청산금을 지급받은 경우의 양도세 계산 사례<small>(소득령§166 ① 2)</small>

(백만 원)

① 기존 부동산 양도차익   ② 입주권 프리미엄 양도차익

'16. 12. 31.   '20. 1. 31.   '22. 6. 30.

A아파트 취득   관리처분계획인가일   a입주권 양도
(A아파트→a조합원입주권)

취득가액 : 100   구 A아파트 평가액 : 500   양도가액 : 1,000
중개비용 : 10   신 아파트 분양가액 : 300   중개비용 : 50
           청산금 수령금액 : 200

1) 양도차익 : 8억8천400만 원(① + ②)

① 기존 부동산 양도차익 : 2억3천400만 원

   = (A아파트 평가액 5억 원 – A아파트 취득가액 1억 원 – 기존건물 필요
경비 1천만 원)

$$\times \quad \frac{\text{A아파트 평가액 5억 원 – 받은 청산금 2억 원}}{\text{A아파트 평가액 5억 원}}$$

② 조합원입주권 프리미엄 양도차익 : 6억5천만 원

   = 양도가액 10억 원 – (기존 A아파트 평가액 5억 원 – 수령한 청산금 2
억 원) – 양도비 5천만 원

2) 장특공제[5] : 2억3천400만 원 × 6% = 1천404만 원

3) 양도소득금액 : 8억6천996만 원

4) 양도소득기본공제 : 250만 원

5) 과세표준 : 8억6천746만 원

6) 산출세액 : 3억2천893만 원(= 8억6천746만 원 × 42% – 3천540만 원)

---

5   기존 부동산 양도차익에 표1을 적용

조합원입주권을 양도한 경우에도 아래 요건을 충족하면 1세대 1주택 비과세 규정이
적용된다.

① 기존주택은 관리처분계획인가일 현재 비과세 요건을 갖추어야 한다.

② 조합원입주권 양도일 현재 다른 주택·조합원입주권·분양권이 없거나, 조합원
입주권 외에 1주택만을 보유한 경우로서 해당 주택 취득일로부터 3년 이내에
조합원입주권을 양도해야 한다.

Q 甲씨가 거주하던 서울에 있는 A아파트는 재개발사업으로 2018. 12. 1. 관리
처분계획인가를 받았다. 이후 2020. 12. 1. B아파트를 취득한 후 2022. 12.
31. 종전 A주택의 재개발로 인해 취득한 A조합원입주권을 양도하였다. 이 경우 1세대
1주택 비과세 규정이 적용될까?

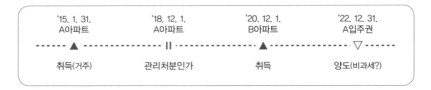

A 기존 A아파트는 관리처분계획인가일 현재 비과세 요건을 갖추었으며, A
조합원입주권 양도일 현재 B아파트만을 보유한 경우로서 B아파트 취득일
로부터 3년 이내에 조합원입주권을 양도하였으므로 1세대 1주택 비과세가 적용된다.

'1+1'조합원입주권 양도 시

1주택이 재건축사업 등에 따라 2개의 조합원입주권으로 변경되어 이를 같은 날 모두 양도하는 경우에는 납세자가 선택한 1조합원입주권은 비과세 규정이 적용되고 나머지 1조합원입주권은 과세된다.

Q 甲씨가 거주하던 서울에 있는 A아파트는 재건축사업으로 2018. 12. 1. 관리처분계획인가를 받았다. A아파트를 조합에 출자하는 대가로 甲씨는 '1+1' 조합원입주권을 부여받았고 이후 2022. 12. 31. 동 '1+1' 조합원입주권을 동시에 양도하였다. 조합원입주권 2개 모두 비과세 규정이 적용될까?

'15. 1. 31. A아파트	'18. 12. 1. A아파트 재건축	'22. 12. 31. '1+1' 입주권
▲	●	▽
취득(거주)	관리처분인가 1+1 입주권 취득	양도(비과세?)

A 1주택이 재개발·재건축사업에 따라 2개의 조합원입주권으로 변경된 후 같은 날 모두 양도하는 경우에는, 납세자가 선택하여 먼저 양도하는 조합원입주권 1개는 과세되고, 나중에 양도하는 조합원입주권 1개는 비과세[1]가 적용된다.

따라서, 甲씨는 큰 평수를 분양받을 수 있는 조합원입주권은 비과세를 받고, 적은 평수에 해당하는 조합원입주권에 대하여 양도세를 내면 된다.

---

1 물론, 기존 A아파트는 관리처분계획인가일 현재 비과세 요건을 갖추어야 한다.

이사 목적으로 조합원입주권·분양권을 취득한 경우 종전주택 양도 시

1세대 1주택 비과세 요건을 갖춘 거주자가 종전주택을 취득한 날부터 1년이 지난 후에 조합원입주권이나 분양권을 취득하고, 조합원입주권·분양권을 취득한 날부터 3년 이내에 종전주택을 양도하면 종전주택에 대하여 비과세 규정을 적용한다.

Q A아파트를 소유하고 있는 甲씨는 2020. 12. 1. b아파트 조합원입주권을 다른 조합원으로부터 취득하였다. 甲씨가 2022. 12. 31. A아파트를 양도한 경우 1세대 1주택 비과세 규정이 적용될까?

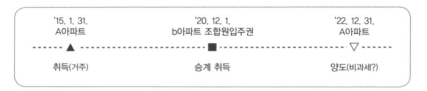

A A아파트를 취득한 날부터 1년 이상이 지난 후에 b아파트 조합원입주권을 취득하였고, b아파트 조합원입주권을 취득한 날부터 3년 이내에 A아파트를 양도하였으므로 1세대 1주택 비과세가 적용된다.

재개발사업 기간 동안 거주 목적으로 취득한 주택 양도 시

1주택을 소유한 1세대가 재개발사업 시행기간 동안 거주하기 위하여 대체주택을 취득한 경우로서 사업시행인가일 이후 대체주택을 취득하여 1년 이상 거주하고, 관리처분계획 등에 따라 취득하는 주택이 완성된 후 2년 이내에 그 주택으로 세대 전원이 이사하여 1년 이상 계속 거주하며, 재개발사업으로 취득하는 주택이 완성되기 전·후 2년 이내에 대체주택을 양도하는 경우에는 대체주택 양도에 대하여 비과세 규정이 적용된다.

Q　甲씨는 A아파트 재개발사업 시행기간 동안 거주할 목적으로 2020. 12. 1. B아파트를 취득하여 1년 이상 거주하였고, 2022. 9. 10. 재개발주택이 준공되어 A⁺주택으로 세대 전원이 이사하였다. 甲씨가 2022. 10. 31. B아파트를 양도한 경우 보유기간이 2년 미만이어도 비과세가 적용될까?

'11. 1. 31. A아파트	'16. 12. 1. A주택 재개발	'20. 12. 1. B아파트	'22. 9. 10. A⁺아파트	'22. 10. 31. B아파트
▲	‖	▲	‖	▽
취득	사업시행인가	취득(거주)	준공(세대 이사)	양도(비과세?)

A　甲씨는 재개발 사업시행인가일 이후에 B아파트를 취득하여 1년 이상 거주하였고, 재개발사업에 따라 취득하는 A⁺주택이 완성된 후 2년 이내에 대체주택인 B아파트를 양도하였으므로 비과세 적용이 가능하다.

다만, 양도일 현재 세대 전원이 A⁺주택에 거주한 기간이 1년 미만이므로 세무서에서는 계속 거주하였는지를 사후관리할 것이다. 따라서, 甲씨는 양도 후에 1년 이상 거주요건을 반드시 채워야 한다.

1주택자가 1조합원입주권을 소유한 어머니와 합가한 경우

1주택자가 동거봉양을 위해 1조합원입주권을 가진 자와 합가한 경우 합가일로부터 10년 이내에 먼저 양도하는 주택은 비과세 적용이 가능하다.

Q 1주택자인 甲씨는 B주택의 조합원입주권을 소유한 어머니를 동거봉양하기 위하여 2021. 6. 30. 합가하였다. 甲씨가 2022. 12. 31. A아파트를 양도한 경우 비과세가 적용될까?

'10. 1. 31. A아파트	'15. 6. 30. B주택	'20. 12. 1. B주택 재개발	'21. 6. 30. 동거봉양	'22. 12. 31. A아파트
▲	▲	‖	‖	▽
취득(甲)	취득(어머니)	관리처분인가	합가	양도(비과세?)

A 1주택자가 동거봉양을 위해 1조합원입주권을 가진 자와 합가한 경우 합가일로부터 10년 이내에 먼저 양도하는 주택은 비과세가 적용된다. 사례의 경우 동거봉양 합가 후 10년 이내에 A아파트를 먼저 양도하였으므로 비과세 적용이 가능하다.

만일, 어머니 소유의 B주택 조합원입주권을 먼저 양도하였다면 조합원입주권은 주택이 아니므로 비과세가 적용되지 않는다는 점을 주의해야 한다. 다만, B주택 조합원입주권이 완공되어 B⁺주택이 되었다면 합가일로부터 10년 이내에 완공된 B⁺주택을 먼저 양도하는 경우에는 비과세 적용이 가능하다.

재개발·재건축 주택의 양도소득세

지금까지는 조합원입주권 상태에서 양도한 경우를 알아보았다. 이제는 '재개발·재건축이 완료된 후 주택'을 양도한 경우의 양도세에 대해 알아보기로 한다. 조합원입주권 양도세 계산은 2단계를 거쳐야 했다. 하지만 재개발·재건축이 완료된 후 주택을 양도한 경우에는 3단계를 거쳐야 한다.

앞에서 보았듯이 조합원입주권은 종전주택의 평가, 청산금 수수 여부에 따라 일반적인 양도세와는 다른 방법으로 양도세를 계산한다. 재개발·재건축으로 준공된 신규주택을 양도한 때에도 청산금 수수 여부에 따라 일반적인 양도세와 다른 방법으로 양도세를 계산한다. 이번에도 구체적인 사례[1]를 통해 살펴보도록 한다.

---

1   사례에서는 1세대 1주택 비과세나 다주택 중과가 적용되지 않는다고 가정한다.

청산금을 '납부한' 경우 양도차익 계산 방법(소득령 §166 ② 1)

청산금을 납부하고 재개발·재건축이 완료되어 취득한 아파트를 양도한 경우는 ① 관리처분계획인가 전 양도차익, ② 관리처분계획인가 후 청산금 양도차익, ③ 관리처분계획인가 후 기존건물분 양도차익으로 구분하여 계산한다.

(백만 원)

① · ③ 기존 부동산의 장특공제 구간(5년 이상 6년 미만)

② 입주권 프리미엄 양도차익

'17. 1. 1.	'19. 1. 31.	'22. 1. 1.	'22. 6. 30.
A아파트 취득	관리처분계획인가일 (A아파트→a조합원입주권)	준공일 (a입주권→A⁺아파트)	A⁺아파트 양도
▲	‖	●	▽
취득가액 : 100 중개비용 : 10	구 A아파트 평가액 : 300 신 아파트 분양가액 : 500 청산금 납부금액 : 200		양도가액 : 1,000 중개비용 : 50

1) 양도차익 : 6억4천만 원(① + ② + ③)

① 관리처분계획인가 전 양도차익 : 1억9천만 원

= A아파트 평가액 3억 원 − A아파트 취득가액 1억 원 − 기타 필요경비 1천만 원

② 관리처분계획인가 후 청산금 양도차익 : 1억8천만 원

= 관리처분계획인가 후 전체 양도차익 4억5천만 원[2]

---

2 4억5천만 원=양도가액 10억 원−(A아파트 평가액 3억 원+청산금 2억 원)−기타 필요경비 5천만 원

$$\times \quad \frac{\text{납부 청산금 2억 원}}{\text{A아파트 평가액 3억 원 + 납부 청산금 2억 원}}$$

③ 관리처분계획인가 후 기존건물분 양도차익 : 2억7천만 원

= 관리처분계획인가 후 전체 양도차익 4억5천만 원

$$\times \quad \frac{\text{A아파트 평가액 3억 원}}{\text{A아파트 평가액 3억 원 + 납부 청산금 2억 원}}$$

2) **장기보유특별공제** : 5천680만 원(ㄱ+ㄴ)

  ㄱ. 기존부동산 해당 부분 : 4천600만 원[= (① 1억9천만 원 + ③ 2억7천만 원) × 10%]

  ㄴ. 청산금 해당 부분 : 1천80만 원(= ② 1억8천만 원 × 6%)

3) **양도소득금액** : 5억8천320만 원

4) **양도소득기본공제** : 250만 원

5) **과세표준** : 5억8천70만 원

6) **산출세액** : 2억849만 원(= 5억8천70만 원 × 42% − 3천540만 원)

청산금을 '지급받은' 경우 양도차익 계산 방법(소득령 §166 ②)

청산금을 수령[3]하고 재개발·재건축으로 취득한 아파트를 양도한 경우는 ① 관리처분계획인가 전 양도차익, ② 관리처분계획인가 후 양도차익으로 구분, 계산한다.

---

3 지급받은 청산금은 준공된 주택의 양도 여부를 묻지 않고, 이전 고시일 다음 날에 양도한 것으로 보아 양도세를 별도로 내야 한다(청산금 양도세는 항목을 달리하여 살펴본다).

(백만 원)

① · ② 기존 부동산의 장특공제 구간(5년 이상 6년 미만)

'17. 1. 1.	'19. 1. 31.	'22. 1. 1.	'22. 6. 30.
A아파트 취득	관리처분계획인가일 (A아파트→a조합원입주권)	준공일 (a입주권→A*아파트)	A*아파트 양도
▲	‖	●	▽
취득가액 : 100 중개비용 : 10	구 A아파트 평가액 : 500 신 아파트 분양가액 : 300 청산금 수령금액 : 200		양도가액 : 1,000 중개비용 : 50

1) 양도차익 : 8억8천400만 원(① + ②)

① 관리처분계획인가 전 양도차익 : 2억3천400만 원

= (A아파트 평가액 5억 원−A아파트 취득가액 1억 원−기타 필요경비 1천만 원)

$$\times \; \frac{\text{A아파트 평가액 5억 원} - \text{받은 청산금 2억 원}}{\text{A아파트 평가액 5억 원}}$$

② 관리처분계획인가 후 양도차익 : 6억5천만 원

= 양도가액 10억 원 − (A아파트 평가액 5억 원 − 받은 청산금 2억 원) − 필요경비 5천만 원

2) 장기보유특별공제[4] : 8천840만 원

= (① 2억3천400만 원 + ② 6억5천만 원) × 10%

3) 양도소득금액 : 7억9천560만 원

4) 양도소득기본공제 : 250만 원

―

4 청산금으로 납부한 부분이 없으므로 장특공제 적용 보유기간은 취득일부터 양도일까지이다.

5) 과세표준 : 7억9천310만 원

6) 산출세액 : 2억9천770만 원(=7억9천310만 원×42% - 3천540만 원)

지급받은 청산금 양도세

지급받은 청산금은 준공된 주택의 양도 여부와 관계없이 이전 고시일 다음 날 구 주택의 소유자가 양도한 것으로 보아 별도로 양도세를 신고·납부해야 한다.

과거에는 국세청이 재개발·재건축 조합으로부터 청산금 수령 관련 과세자료를 수집하기도 어려웠고, 수령한 청산금의 양도시기를 이전 고시일 다음 날로 할지 아니면 청산금을 모두 수령한 날로 할지 명확한 기준이 정해지지 않아 청산금에 대해 양도세가 제대로 과세되지 않았다. 그래서인지 요행을 바라고 수령한 청산금에 대한 양도세 신고를 미루는 경우를 실무에서 종종 보았다.

하지만 최근 재개발·재건축 정비사업에 대한 공시의무가 강화되었고 광범위한 전산화가 이루어져 조합이나 지자체를 통한 청산금 관련 과세자료를 쉽게 수집할 수 있게 되었고, 양도시기 또한 이전 고시일의 다음 날로 명확해졌다. 이에 따라 앞으로는 청산금에 대한 양도세를 무신고한 경우는 국세청이 적극적으로 과세할 것으로 보인다.

참고로 양도세 무신고자에 대해 국세청이 양도세를 과세할 수 있는 기간은 확정신고 기한으로부터 7년까지이다. 청산금을 수령한 사람이 요행을 바라고 신고하지 않을 경우, 5~6년 후에 세금과 엄청난 가산세(경우에 따라서는 본세보다 더 많을 수도 있다)를 함께 내야 하는 상황이 발생할 수 있다. 과거의 잘못된 관행이나 요행을 바라지 말고 기한 내에 양도세를 신고할 것을 권한다.

앞서 '청산금을 지급받은 경우 양도차익 계산 방법'에서 설명한 사례를 통해 청산금 수령분 양도세를 계산해 보자.

(백만 원)

수령 청산금의 장특공제 구간(5년 이상 6년 미만)

'17. 1. 1.	'19. 1. 31.	'22. 1. 1.	'22. 6. 30.
A아파트 취득	관리처분계획인가일 (A아파트→a조합원입주권)	준공일 (a입주권→A*아파트)	A*아파트 양도
▲	‖	●	▽
취득가액 : 100 중개비용 : 10	구 A아파트 평가액 : 500 신 아파트 분양가액 : 300 청산금 수령금액 : 200		이전고시일

이전 고시일이 2022. 6. 30.이므로 이전 고시일 다음 날인 2022. 7. 1.이 청산금 수령분에 대한 양도시기이고, 양도일의 말일로부터 2개월이 되는 날까지가 신고기한이므로 위 사례의 경우 2022. 9. 30.까지 양도세 3천336만 원을 신고·납부해야 한다.

1) 양도차익 : 1억5천600만 원(① - ②)

　① 청산금 수령분 양도가액 : 2억 원

　② 청산금 수령분 필요경비 : 4천400만 원

　　= (A아파트 취득가액 1억 원 + A아파트 필요경비 1천만 원)

$$\times \quad \frac{\text{받은 청산금 2억 원}}{\text{A아파트 평가액 5억 원}}$$

2) 장기보유특별공제 : 1천560만 원(= 1억5천600만 원×10%)

3) **양도소득금액** : 1억4천40만 원

4) **양도소득기본공제** : 250만 원

5) **과세표준** : 1억3천790만 원

6) **산출세액** : 3천336만 원(= 1억3천790만 원 × 35% − 1천490만 원)

정비사업 세부 절차

절차	세부내역	비고
계획 수립 및 지구 지정	도시·주거환경정비 기본계획 수립	특별시, 광역시, 대도시
	정비계획 수립 및 정비구역 지정	
	정비구역 지정	시장·도지사
사업 추진 및 계획인가	추진위원회 구성 및 승인	
	조합설립인가	
	사업시행인가	구청장이 인가
	조합원 분양신청	사업시행인가 후 120일 이내
	관리처분계획인가	분양가(조합원·일반) 결정
사업시행	이주 및 철거	
	착공 및 일반분양	
	준공 및 입주	
	이전고시 및 보고	보존등기 등
	조합청산 및 해산	일반분양 이익금 조합원 배분

Chapter 8

분양권

8

　분양권이란 주택 분양업체와 계약을 통해 향후 분양업체가 분양한 주택을 공급받을 수 있는 지위를 말한다. 소위 '딱지'라고 불리기도 한다. 앞에서 보았던 조합원입주권과 유사하지만 구주택이 없다는 점에서 조합원입주권과 차이가 있다. 다만, 분양권도 주택을 공급받을 수 있는 권리이기 때문에 주택과 비슷하게 볼 수 있고 결국 분양권 거래도 정부의 부동산 정책의 대상이 되었다.

　이에 따라 주택 가격 급등을 막기 위해 2021. 1. 1. 이후 취득하는 분양권의 경우 분양권을 주택처럼 간주되어서 주택 수에 포함되고, 보유기간에 따라 높은 양도세율이 적용된다. 이번 장에서는 분양권 양도와 관련하여 세법에서 과세가 강화된 규정을 중심으로 살펴보기로 한다. 다행인 것은 구주택이 없기 때문에 조합원입주권처럼 규정이 복잡하지는 않다는 사실이다.

분양권과 조합원입주권

'분양권'이란 주택 공급 계약에 의해 주택을 공급받는 자로 선정된 지위를 말한다. 쉽게 말하면 해당 주택이 완공되면 입주할 수 있는 권리이다. '조합원입주권'이란 「도시 및 주거환경정비법」(이하 도정법), 「빈집 및 소규모 주택 정비에 관한 특례법」(이하 빈소법)에 의해 입주자로 선정된 지위를 말한다. 쉽게 말하면 구주택이나 토지를 조합에 제공한 후 그에 대한 대가로 받는 신주택 입주권이다.

둘 다 새로 건축되는 주택에 입주할 수 있는 권리이므로 분양권과 조합원입주권이 유사하다고 생각할 수 있다. 그러나 조합원입주권은 구주택이 신주택으로 변하는(환지) 것이므로 비과세 판단 시 또는 양도세 중과 여부 판단 시 하나의 주택으로 취급한다. 마찬가지로 1세대 1조합원입주권에 해당할 경우 조합원입주권을 주택과 같이 취급하여 비과세가 적용될 수도 있으며, 새로 완공된 주택의 취득시기를 구주택의 취득시기로 본다.

반면 분양권은 새로운 주택을 구입할 수 있는 권리일 뿐 아직 주택이 아니므로 2020. 12. 31.까지는 비과세 판단 시 또는 양도세 중과 여부 판단 시에 주택으로 취급하지 않았다. 그러나, 거주 목적의 주택 소유를 유도하고 부동산 투기를 방지하기 위해 2021. 1. 1.부터는 비과세 또는 양도세 중과 여부 판단 시 주택 수에 산입하는 것으로 법이 개정되었다. 분양권은 조합원입주권과는 달리 1세대 1분양권이더라도 비과세가 적용될 수 없으며, 새 주택의 취득시기를 잔금청산일[1]로 본다.

분양권과 조합원입주권은 성격이 유사하지만 세법에서는 둘을 완전히 달리 취급하므로 혼동하지 않도록 조심해야 한다.

---

1 분양권을 통해 취득한 주택의 취득시기는 주택이 완공되어 사용승인을 받은 날과 분양대금 잔금을 청산한 날 중 늦은 날을 취득시기로 한다.

분양권을 보유하거나
양도할 때 유의사항

뉴스에서 '부동산 떴다방'이라는 말을 들어봤을 것이다. 집값이 오르면 주택 분양권 시장이 들썩이고, 이를 노린 불법 부동산 중개인이 불법적인 분양권 거래를 부추긴다. 정부도 조정대상지역에서 분양권 전매를 금지하고 분양권의 세율을 높이는 등 투기 목적의 분양권 거래를 방지하기 위해 노력해 왔으나 불법 거래가 줄어들지 않자 더욱 강력한 대책을 내놓았다. 분양권은 부동산을 취득할 수 있는 권리임에도 불구하고 주택처럼 취급하여 다주택자들이 분양권을 취득할 경우 큰 불이익을 받도록 했다.

2021. 1. 1. 이후 취득한 분양권, 주택처럼 취급

2021. 1. 1. 이후 취득한 분양권은 주택처럼 취급한다. 이에 따라 1세대 1주택 비과세를 판단할 때나, 다주택자 중과에서 주택 수를 계산할 때 포함되므로 분양권을 보유한 사람은 2021. 1. 1.을 꼭 기억해야 한다.

1) 사례 1

甲씨는 2018. 1. 1. 조정대상지역인 서울의 A아파트를 취득하여 계속 거주하고 있고, 이후 서울의 B분양권을 2020. 12. 31에 취득하였다. 이후 이사를 위해 C주택을 2022. 6. 1. 취득하고 2023. 6. 30에 A아파트를 양도하였다. 이 경우 甲씨에게는 이사를 목적으로 한 일시적 1세대 2주택 비과세가 적용될까?

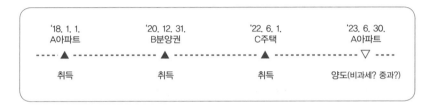

2020. 12. 31. 취득한 B분양권은 1세대 1주택 비과세 판단 시 주택 수에 포함되지 않는다. 따라서 이사 목적으로 C주택을 취득하고 2년 내에 비과세 요건을 갖춘 종전주택인 A아파트를 양도했으므로 1세대 1주택 비과세가 적용된다.

그런데 만약 甲씨가 서울의 B분양권을 2021. 1. 1에 취득했다면 B분양권은 1세대 1주택 비과세 판단 시 주택 수에 포함되므로 甲씨는 A아파트 양도 당시 A아파트, B분양권, C주택을 보유한 1세대 3주택자에 해당된다. 따라서 이사 목적의 일시적 1세대 2주택 비과세를 적용받을 수 없고, A아파트의 양도 시 1세대 3주택 중과세가 적용된다.

2) 사례 2

甲씨는 2018. 1. 1. 조정대상지역인 서울의 A아파트를 취득하여 계속 거주하고 있다. 이후 서울의 B분양권을 2020. 12. 31. 취득한 후, 2021. 12. 31.에 배우자 乙씨에게 증여하였다. 그리고 이사 목적으로 C주택을 2022. 6. 1.에 취득한 후 2023. 6. 30. A아파트를 양도했다. 이 경우 甲씨에게는 이사를 목적으로 한 일시적 1세대 2주택 비과세가 적용될까?

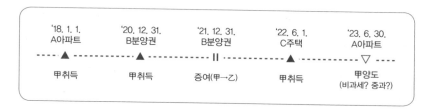

甲씨는 B분양권을 2021. 1. 1. 이전에 취득하였으므로 甲씨가 취득한 B분양권은 1세대 1주택 비과세 판단 시 주택 수에 포함되지 않는다. 하지만, 甲씨가 B분양권을 乙씨에게 2021. 12. 31.에 증여하였으므로 乙씨는 B분양권을 2021. 1. 1. 이후에 증여로 취득한 것이 되어 B분양권을 주택으로 간주할 수도 있는 것처럼 보인다.

그러나 1세대 1주택 비과세와 관련하여 세법을 적용할 때, 대부분 '세대'를 기준으로 판단한다. 그리고 국세청은 2020. 12. 31. 이전에 취득한 분양권을 2021. 이후 동일세대원인 배우자에게 증여한 경우, 이를 '동일세대 간 거래'로 보아 증여자 甲씨의 분양권 취득시기를 기준으로 주택 수 포함 여부를 판단하고 있다.

따라서 乙씨가 2021년 이후 증여로 취득한 B분양권은 甲씨의 분양권 취득일을 기준으로 판단하므로 주택 수에서 제외되고, 이사 목적으로 C주택을 취득하고 2년 내에 비과세 요건을 갖춘 종전주택인 A아파트를 양도하였으므로 1세대 1주택 비과세가 적용된다.

분양권 양도한 경우, 비례세율 적용

2021. 5. 31. 이전에 분양권을 양도한[1] 경우에는 보유기간에 따라 1년 미만은 50%, 2년 미만은 40%의 비례세율이 각각 적용되었고, 2년 이상인 경우는 기본세율이 적용되었다.

하지만 2021. 6. 1. 이후 분양권을 양도한 경우는 1년 이상 보유한 분양권은 60%의 비례세율을 적용하고, 1년 미만 보유한 경우는 70%의 비례세율을 적용한다. 즉 양도소득 금액과 관계없이 일률적으로 60~70%의 높은 세율이 적용되므로 분양권 양도는 신중하게 결정해야 한다.

---

1 다만, 조정대상지역의 분양권을 양도한 경우에는 보유기간에 관계없이 50%의 비례세율이 적용되었다.

분양권을 양도하면 비과세가 가능할까?

1세대 1주택 비과세처럼 1세대 1분양권에도 비과세 적용이 가능할까? 1세대 1주택 비과세 제도는 국민의 주거생활 안정과 거주이전 자유 보장을 위해 도입되었다. 하지만 분양권은 주택이 아니어서 주택이 완성되기 전에는 거주할 수 없다.

무주택자가 거주 목적으로 취득한 분양권에 대해서는 불이익을 주어서는 안 된다. 하지만 주택이 완성되기 전에 분양권을 양도한다면 주거목적이 아닌 재테크 수단으로 분양권을 이용한 것에 불과하므로 비과세 혜택을 줄 필요가 없다. 따라서 1세대가 다른 주택이 없고 2년 이상 보유한 1분양권을 양도한 경우에도 비과세가 적용되지 않는다.

1주택 + 1분양권자의
1주택 양도소득세 비과세

1세대 1주택자가 이사를 가기 위해 새로운 주택을 취득하고 종전주택을 양도한 경우 비과세가 적용된다. 당연히 이사 목적으로 주택이 아닌 분양권을 취득한 경우도 비과세가 적용되어야 할 것이다. 그래서 1세대가 1주택과 1분양권을 보유한 상태에서 1주택을 먼저 양도한 경우에도 1세대 1주택 비과세를 적용해 준다.

다만, 일정한 요건을 갖춘 경우에만 비과세를 받을 수 있으므로 사전에 꼼꼼히 체크한 후 양도해야 하며, 1주택과 1분양권을 보유한 사람이 1주택을 양도한 경우에는 아래에서 설명할 두 가지 경우 외에는 비과세가 절대 적용되지 않으니 주의해야 한다.

첫째 요건은 이사 목적의 일시적 1세대 2주택 비과세와 거의 흡사하다. 1세대 1주택자가 종전주택을 취득한 지 1년 이상 지난 후 새롭게 분양권을 취득하고 3년 이내에 비과세 요건을 갖춘 종전주택을 양도하면 1세대 1주택 비과세를 적용받을 수 있다.

1) 사례 1

甲씨는 2017. 1. 1. 서울의 A주택을 취득하여 계속 거주하고 있고, 이후 B분양권을 2021. 1. 31에 취득하였다. 甲씨가 A주택을 2024. 6. 1에 양도한다면 1세대 1주택 비과세가 적용될까?

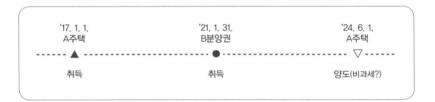

甲씨는 A주택을 취득한 지 1년 이상 지난 후 B분양권을 취득하였으나, B분양권을 취득한 후 3년이 지나서 A주택을 양도하였으므로 1세대 1주택 비과세를 적용받을 수 없다.

만일 甲씨가 A주택을 2024. 1. 31. 이전에 양도했다면 B분양권을 취득한 후 3년 내에 A주택을 양도하였으므로 1세대 1주택 비과세를 적용받을 수 있다.

둘째, 1주택자가 분양권을 취득 후 3년 내에 종전주택을 양도하지 못한 경우라도 분양권으로 받은 주택이 완공된 후 2년 내에 그 주택으로 세대 전원이 전입하여 1년 이상 계속하여 거주하고, 신규주택 완공 전후 2년 내에 종전주택을 양도하면 1세대 1주택 비과세를 적용한다.

만일 분양권으로 받은 주택이 완공되기 전에 다른 비과세 요건을 모두 충족한 후 종전주택을 양도한다면, 국세청에서는 종전주택에 대해 일단 1세대 1주택 비과세를 인정한 후, 추후 신축주택 준공일로부터 2년 내에 전 세대원이 신축주택으로 전입하여 1년 이상 계속 거주하였는지

의 여부를 별도로 사후관리한다. 따라서 양도 후에라도 전입 및 거주 요
건을 모두 지켜야 한다.

2) 사례 2

甲씨는 2017. 1. 1. 서울의 A주택을 취득하여 계속 거주하고 있고, 이후
B분양권을 2021. 1. 31에 취득하였다. B분양권은 2024. 6. 1. B주택으로
준공되었고 준공일에 甲씨 세대는 전원이 B주택으로 전입하였으며 1년
이상 계속 거주할 예정이다. 甲씨가 A주택을 2025. 1. 1. 양도하였다면 1
세대 1주택 비과세가 적용될까?

甲씨는 B분양권을 취득한 후 3년이 지나서 A주택을 양도하였으나,
분양권 해당 주택이 완공된 후 2년 이내에 B주택으로 세대 전원이 전
입하여 1년 이상 계속하여 거주하였고, 신규주택 완공 전후 2년 이내에
종전주택을 양도하였으므로 A주택은 1세대 1주택 비과세를 적용받을
수 있다.

Chapter 9

주택에 대한
재산세

토지, 건축물, 주택, 선박, 항공기 등 재산을 소유하고 있는 사람에게 부과하는 세금을 재산세라고 한다. 재산세는 국세가 아니고 지방세다. 따라서 국세청이 아닌 시·군·구 등 지방자치단체에서 과세한다.

주택에 대한 재산세는 과세기준일인 6. 1.에 현재 주택을 보유하고 있는 사람에게 부과된다. 주택을 보유한 사람은 예외 없이 주택 재산세를 납부하기 때문에 주택 재산세에 대한 관심은 크지 않다. 하지만 주택에 대한 종부세 납부의무가 있는 사람은 예외 없이 주택 재산세를 납부하기 때문에 다음 장에서 살펴볼 종부세를 제대로 알기 위해서는 재산세에 대한 개략적인 이해가 필요하다.

재산세와
종합부동산세

많은 사람이 다주택자들을 부러워한다. 하지만 다주택자들에게도 고민은 있다. 임대료가 밀리지는 않을지, 주택이 노후화되면서 유지·관리 비용이 더 많이 들지는 않을지, 집값이 떨어지지는 않을지 등등 말이다. 하지만 요즘 다주택자들의 가장 큰 고민은 (물론 개인마다 다르겠지만) 아마도 보유세, 그중에서도 종합부동산세(이하 종부세)일 것이다.

재산세는 개별 주택 가격을 기준으로 부과한다. 하지만 종부세는 납세의무자가 보유한 전국의 주택 가격을 모두 합한 금액을 기준으로 부과한다. 요즘처럼 주택 가격이 크게 오른 상황에서는 부담이 기하급수적으로 커질 수밖에 없다. 더구나 3주택 이상자나 조정대상지역 내 2주택 이상자에게는 일반세율보다 약 2배 정도의 중과세율을 적용하니 설상가상인 상황이다.

보유세가 무서운 것은 납부한 세금이 휘발성이 강하다는 데 있다. 취득세나 중개수수료는 나중에 주택을 양도할 때 필요경비로 공제할 수 있다. 그러나 재산세나 종부세 납부액은 양도세 필요경비로 공제할 수 없다.[1] 3주택 이상자와 조정대상지역 2주택자의 종부세율은 1.2 ~ 6%이다. 그래서 다주택자가 20년 동안 종부세를 납부하면 주택이 세금으로 사라진다는 우스갯소리가 들리기도 한다.

주택 가격이 계속 상승하고, 양도세 부담이 적으면 다주택을 보유하는 것이 유리하지만, 지금처럼 양도세율과 보유세율이 모두 높으면 다주택자가 견디기 쉽지 않다. 집값이 많이 올라도 대부분 양도차익을 양도세(36~75%)로 걷어가고, 매년 납부한 재산세와 종부세는 그냥 날아가 버리기 때문이다. 이런 이유로 요즘 '똑똑한 한 채'를 보유하려는 움직임이 있는 것 같다. 무시무시한 보유세 중 재산세에 대해 먼저 알아보자.

---

1 재산세나 종부세는 사업을 영위하는 자가 당해 업무와 관련하여 납부한 경우에만 해당연도 사업소득에서 필요경비로 공제해 준다.

주택분 재산세 개요 및 계산 방법

재산세는 토지, 건축물, 주택 등을 과세기준일 현재 사실상 소유하고 있는 사람에게 부과하는 세금이다. 재산세는 관할 시장·군수가 세액을 계산하여 부과·징수하는 세금이므로, 지방세법을 잘 몰라도 억울하게 세금을 더 내지 않고, 반대로 세법을 잘 알아도 세금을 깎을 수 없다. 다만 주택에 대한 재산세를 이해하면 뒤에서 살펴볼 종부세를 더 쉽게 이해할 수 있으므로 이하에서는 주택분 재산세에 대하여 간략하게 설명하고자 한다.

주택분 재산세 개요

1) 과세대상

주택법에 따른 주택과 그 부속토지가 주택분 재산세 과세대상이다. 단독주택, 다가구주택, 다중주택, 아파트, 연립주택, 다세대주택 등 우리가 알고 있는 주택은 등기 여부와 상관없이 모두 과세대상이다. 주의해야 할 것은 주택에 딸린 부속토지도 주택분 재산세 과세대상이 된다는 사실이다.

참고로 재산세는 1세대 1주택자에게 별다른 혜택이 없으나, 종부세는 1세대 1주택자에게 기본공제 6억 원에 5억 원을 추가공제하고, 장기보유 세액공제나 고령자 세액공제 등의 혜택을 주고 있다. 주택뿐만 아니라 주택의 부속토지에도 주택분 재산세가 부과되므로 1세대 1주택 여부를 판정할 때 주택의 부속토지도 주택으로 간주하여 주택 수에 포함시킨다.

2) 납부 대상자

재산세 납부 대상자는 과세기준일인 매년 6. 1. 현재 과세대상 주택 또는 주택 부속토지를 사실상 소유하고 있는 사람이다.

3) 과세표준

과세대상 자산의 시가표준액(단독·공동주택 공시가격)에 공정시장가액 비율(60%)[1]을 곱한 금액이 과세표준이다.

4) 세율

공시가액 9억 원을 초과하거나, 다주택자의 주택, 법인소유 주택의 경우는 표준세율이 적용되고 공시가액 9억 원 이하의 1주택자에게는 특례세율이 적용된다.

과세표준	표준세율 (공시가액 9억 원 초과, 다주택자, 법인)	특례세율 (공시가액 9억 원 이하 1주택자)
6천만 원 이하	0.1%	0.05%

---

1 다만, 1세대 1주택자의 2022년 주택 과세표준은 공시가격에 45%의 공정시장가액 비율을 적용한다.

6천만 원~1억5천만 원 이하	6만 원+6천만 원 초과분의 0.15%	3만 원+6천만 원 초과분의 0.1%
1억5천만 원~3억 원 이하	19만5천 원+1억5천만 원 초과분의 0.25%	12만 원+1억5천만 원 초과분의 0.2%
3억 원 초과	57만 원+3억 원 초과분의 0.4%	42만 원+3억 원 초과분의 0.35%

5) 세부담 상한 초과세액

과세표준에 세율을 곱해 계산된 산출세액이 전년도 재산세액 대비 일정 비율을 초과한 경우 그 초과 금액은 과세하지 않는 것을 '세부담 상한'이라 한다. 세부담 상한제도는 공시가격 상승 등으로 재산세액이 과도하게 늘어나는 것을 방지하기 위한 것으로, 주택 공시가격(시가표준액)에 따라 비율이 다르게 적용된다.

공시가격	개인소유 주택			법인소유 주택
	3억 원 이하	3억 원 초과 6억 원 이하	6억 원 초과	
세부담 상한 비율	105%	110%	130%	150%

6) 지방교육세

재산세 세액의 20% 상당액을 지방교육세로 부과한다.

7) 재산세 도시지역분

'도시지역 중 지방의회 의결을 통해 고시지역으로 지정된 지역' 내에 있는 주택의 경우는 재산세 과세표준에 0.14%의 세율을 적용한 금액이 재산세 도시지역분으로 부과된다. 주택의 소재지, 지방의회 의결 여부에 따라 재산세 도시지역분 부과 여부가 결정된다.

8) 지역자원 시설세

소방사무에 필요한 제반 비용을 충당하기 위하여 재산세가 과세되는 건축물에 대해서는 지역자원 시설세[2]가 부과된다.

9) 납부기간

세액의 1/2은 매년 7. 16.~7. 31.에, 나머지 1/2은 매년 9. 16.~9. 30.에 주택 소재지 관할 시·군·구로부터 납세고지서를 받아 납부해야 한다.

재산세 계산 사례

다주택자가 보유한 주택 중 시가 15억 원, 공동주택 공시가격이 10억 원인 아파트에 대한 재산세를 실제로 계산해 보자. 세부담 상한이나 재산세 도시지역분, 지역자원 시설세 등에 따라 실제 재산세액은 달라질 수 있지만, 공시가격 10억 원인 주택을 6. 1. 현재 소유한 사람은 대략 재산세 177만 원, 재산세에 부수된 세금 131만300원, 합해서 308만300원 정도를 재산세로 납부하게 된다.

① 과세표준 : 6억 원

　재산세나 종부세에서는 시가가 중요하지 않다. 과세표준을 구할 때 기준은 개별·공동 주택 가격이며 공시가격에 공정시장가액 비율 60%를 곱하면 과세표준을 구할 수 있다.

　6억 원 = 10억 원 × 60%

—

2　건축물 시가표준액×공정시장가액 60%×세율(0.04~0.12% 초과누진세율)

② 산출세액 : 177만 원

다주택자이므로 표준세율이 적용되고, 과세표준이 5억4천만 원을 초과하므로 3억 원 초과분에 0.4%를 곱한 금액에 57만 원을 더해 세액을 구한다.

177만 원 = 57만 원 + (6억 원 − 3억 원) × 0.4%

③ 세부담 상한 초과세액은 없는 것으로 가정한다.

④ 재산세 세액 : 177만 원

산출세액과 세부담상한 초과세액을 비교하여 초과세액을 제외하면 재산세 세액을 구할 수 있다.

⑤ 지방교육세 : 35만4천 원

재산세 세액에 20%를 곱하면 지방교육세를 구할 수 있다.

35만4천 원 = 재산세 납부할 세액 177만 원 × 20%

⑥ 재산세 도시지역분 : 84만 원

재산세 도시지역분 적용 대상 지역에 있는 주택은 재산세 과세표준에 0.14%를 곱하면 도시지역분이 계산된다.

84만 원 = 재산세 과세표준 6억 원 × 0.14%

⑦ 지역자원 시설세 : 11만6천300원

건축물 시가표준액이 2억 원이라고 가정하면 지역자원 시설세 과세표준은 1억1천만 원이 되고 여기에 초과누진세율 0.12%를 곱하면 지역자원 시설세를 구할 수 있다.

11만6천300원 = [(2억 원 × 60%) − 6천4백만 원] × 0.12% + 4만9천100원

⑧ 총 납부세액(= ④ + ⑤ + ⑥ + ⑦) : 308만300원

Chapter 10

주택에 대한 종합부동산세

　　종부세는 고액의 부동산 보유자에 대한 과세를 통한 부동산 가격안정, 지방재정의 균형발전과 국민경제의 건전한 발전을 위해 2005년부터 시행되어왔다. 하지만 최근 부동산 가격 폭등으로 서울의 특정지역에서는 주택 소유자 대부분이 종부세 납세의무자가 되기도 했고, 은퇴자 등 소득이 없는 사람이 고액의 종부세를 납부해야 하는 문제도 제기되었다.

　　하지만 높은 종부세를 부과해도 부동산 가격은 안정되지 못했다. 게다가 다주택자에게는 '종부세 폭탄'이라 불릴 정도로 많은 종부세가 부과되는 등 적잖은 문제가 야기되고 있다. 여야간 갈등으로 올해 종부세 특별공제 조항이 국회를 통과하지 못해 혼란이 예상되는데 앞으로 종부세제도가 국민 대다수가 원하는 방향으로 개선되기를 기대한다.

　　종부세는 지방세법상 재산세 과세대상인 주거용 건축물과 그 부속토지(이하 주택)뿐만 아니라, 종합합산 과세대상 토지, 별도합산 과세대상 토지를 대상으로 한다. 다만 토지와 관련된 종부세는 납세의무자가 많지 않고 법리적으로나 실무적으로 다툼도 크게 없으므로 이 책에서는 주택과 관련된 종부세에 대하여 살펴보겠다.

종합부동산세
납세의무자

재산세는 과세기준일인 6. 1. 현재 주택을 소유한 사람에게 부과되고, 주택분 재산세 납세의무자는 거의 예외 없이 종부세 납세의무자가 된다. 이에 따라 매년 6. 1. 현재 주택을 보유하고 있는 재산세 납세의무자로서, 보유하고 있는 모든 주택의 공시가격을 합산한 금액이 6억 원(1세대 1주택자인 경우 11억 원)[1]을 초과하는 경우 종부세 납세의무자가 된다.

종부세 고지서를 받은 후, 과세대상 주택이 실제로는 주택이 아닌 상업용 건물로 사용되었으므로 종부세를 취소해 달라는 요구를 실무에서 해마다 접하게 된다. 하지만 대상 건축물이 실제로 주택이 아닌 상업용으로 사용되었어도 국세청은 종부세를 바로 취소해 주지 않는다.

원칙적으로 주택분 재산세 납세의무자가 종부세 납세의무자이기 때문에 국세청은 실제 건축물이 어떻게 사용되었는지를 고려하지 않는다.

---

1 2023년부터는 주택의 공시가격을 합산한 금액이 9억 원(1세대 1주택자인 경우 12억 원)을 초과할 때 종부세 납세의무자가 된다.

이런 경우에는 먼저 관할 지자체에 방문하여 주택분 재산세를 상업용 건축물 재산세로 변경해달라고 요구해야 한다. 당해 건축물에 주택이 아닌 상업용 건축물에 대한 재산세가 부과되면 자동으로 종부세 납세의무자에서 제외되기 때문이다.

만일, 재산세 과세대상 주택을 과세기준일인 6. 1.에 매매했다면 누가 종부세 납세의무자가 될까. 이 경우는 주택을 취득한 사람이 재산세와 종부세 납세의무자가 된다.

과세기준일 이전에 상속이 개시되었는데 상속등기를 하지 않아 아직 돌아가신 분의 재산으로 공부상 기재되어 있는 경우 재산세와 종부세 납세의무자는 누가 될까. 이 경우는 사실상 소유자로 지자체에 신고한 사람 혹은 주된 상속인[2]이 재산세 및 종부세 납세의무자가 된다.

---

2 민법상 상속지분이 가장 높은 상속인으로 하되, 상속지분이 같다면 연장자 순으로 정한다.

종합부동산세 합산배제

앞에서 보았듯이 종부세는 부동산 가격안정, 지방재정의 균형발전과 국민경제의 건전한 발전 등을 위해 도입되었다. 주택을 여러 채 보유했어도 그것을 반드시 투기 목적으로만 볼 수는 없다. 정부가 저소득층 주거안정을 위해 다주택자들의 임대주택등록을 권유하기도 했고, 사업 목적으로 부득이하게 주택을 보유한 경우도 있으며, 분양 목적으로 주택을 건설했으나 분양이 되지 않아 어쩔 수 없이 임대로 변경하는 경우 등과 같이 불가피하게 다주택자가 된 경우도 있다.

종부세법에서는 부득이하게 다주택자가 된 경우는 종부세 합산을 배제함으로써 종부세를 과세하지 않으며 이를 '합산배제주택'이라고 한다.

합산배제 임대주택

최근 주택 가격 상승으로 임대주택자에 대한 세제 혜택이 축소되는 추세이기는 하나, 정부는 세입자의 주거안정을 위해 임대사업자에게 의무임대기간 준수, 의무 위반행위에 대한 과태료 부과, 임대료 5% 이상 인상 금지 등 각종 의무를 부과하는 대신 지방세 및 양도세 감면, 종부세 합산배제 등의 혜택을 주고 있다.

이처럼 일정 요건을 갖춘 임대주택은 종부세 과세대상에서 제외하고 있다. 임대주택이 합산배제를 받으려면 반드시 6. 1. 현재 지자체에 주택임대업등록을 해야 하고, 세무서에도 주택임대사업자등록을 해야 한다.

다만 「공공주택 특별법」, 「민간임대주택에 관한 특별법」 등에서는 임대주택의 요건을 별도로 자세히 규정하고 있으며, 현재는 적용되지 않는 과거 규정에 의한 임대주택[1]도 많다는 사실을 기억해야 한다.

이 책에서는 대표적인 합산배제 임대주택만 간략하게 소개할 것이다. 따라서 실제 사례에서 합산배제 임대주택에 해당하는지의 여부나 구체적인 세부 요건 등을 알아야 할 경우에는 반드시 전문가와 상담할 것을 권한다.

임대주택 종류	임대주택 해당 요건
건설임대주택	임대사업자가 임대를 목적으로 건설하는 임대주택 혹은 주택건설사업자가 사업계획승인을 받아 건설한 주택 중 사용검사 때까지 미분양주택으로 지자체에 임대사업자등록을 하고 임대하는 주택(2018. 3. 31. 이전에 지자체와 세무서에 등록한 주택에 한한다)
매입임대주택	임대사업자가 매매 등으로 소유권을 취득하여 임대하는 주택 (2018. 3. 31. 이전에 지자체와 세무서에 등록한 주택에 한한다)
기존임대주택	2005. 1. 5. 이전 (구)임대주택법 제6조에 따라 등록한 임대사업자가 임대하고 있는 주택
미임대 민간건설임대주택	민간건설임대주택 중 사용승인이나 사용검사 후 사용검사필증을 받은 날부터 과세기준일까지 임대된 사실이 없고, 임대되지 않은 기간이 2년 이내인 주택

---

1 리츠나 펀드가 2008년 중에 취득하여 임대하는 수도권 밖에 소재하는 임대주택 등

리츠·펀드 매입임대주택	리츠나 펀드가 2008년 중에 취득하여 임대하는 수도권 밖에 소재하는 임대주택
미분양 매입임대주택	매입임대주택 중 2008. 6. 11. ~ 2009. 6. 30.까지 최초로 분양계약을 체결하고 계약금을 납부한 미분양 주택
건설임대주택 중 장기일반민간임대주택 등	건설임대주택 중 민특법 제2조 제4호에 따른 공공지원민간임대주택 또는 같은 조 제5호에 따른 장기일반민간임대주택(2020. 7. 11. 이후 단기민간임대주택에서 장기일반민간임대주택 등으로 변경 신고한 주택 제외)
매입임대주택 중 장기일반민간임대주택 등	매입임대주택 중 민특법 제2조 제4호에 따른 공공지원 민간임대주택 또는 같은 조 제5호에 따른 장기일반민간임대주택(1세대가 1주택 이상을 보유한 상태에서 조정대상지역 내 신규 취득한 주택 제외)

합산배제 사원용 주택 등

합산배제 임대주택 외에도 정부의 정책적 목적, 사업 목적으로 보유하는 주택, 부득이하게 취득한 주택 등 종부세 부과 취지에 맞지 않는 아래의 주택은 추가로 합산배제주택으로 분류하여 주택분 종부세 과세대상에서 제외하고 있다.

합산배제 임대주택과 마찬가지로 종부세 합산배제주택의 종류에 대해서만 간략하게 소개한다. 따라서 실제 본인이 보유한 주택이 합산배제주택에 해당한다고 생각되면 구체적인 합산배제 요건 등에 대해서 재차 확인해 볼 것을 권한다.

주택 종류	합산배제 세부 요건
사원용 주택	종업원에게 무상 또는 저가로 제공한 국민주택 규모 이하 또는 과세기준일 현재 공시가격 3억 원 이하인 주택
기숙사	학생 또는 종업원의 주거에 제공한 주택
주택건설업자의 미분양주택	주택신축판매업자가 소유한 미분양주택으로 사용승인일로부터 5년이 미경과한 주택

어린이집용 주택	세대원이 과세기준일 현재 시장·군수 등으로부터 인가받고 세무서에서 고유 번호를 발급받은 후 5년 이상 어린이집으로 운영하는 주택
대물변제 주택	시공자가 시행사로부터 대물변제를 받은 미분양주택으로, 대물변제를 받은 날이 속하는 과세기간부터 최대 5년이 미경과한 주택
연구기관 연구원용 주택	2008. 12. 31. 현재 정부출연 연구기관이 보유한 연구원용 주택
등록문화재 주택	문화재보호법에 따른 등록문화재 주택
노인복지주택	노인복지주택을 설치한 자가 임대하는 노인복지주택
멸실 목적 취득주택	주택건설사업자 등이 주택 건설 목적으로 취득하여 3년 이내 멸실 예정인 주택

합산배제 신고

합산배제 대상 주택을 보유한 사람이 합산배제를 받기 위해서는 매년 9. 16.부터 9. 30.까지 합산배제 신고서를 납세지 관할세무서장에게 제출해야 한다.

최초 합산배제 신고를 하고 신고내용에 변동이 없다면 다음 연도부터는 별도로 신고하지 않아도 되지만, 소유권이전 또는 임대등록 폐업 등의 변동이 있는 경우는 변동신고를 반드시 해야 한다.

합산배제 사후관리

합산배제 임대주택을 임대의무기간 내에 양도하거나, 합산배제 의무요건을 충족하지 못한 경우 등에는 합산배제 적용으로 이미 경감받은 세액에 이자 상당액을 더하여 과세관청에서 추징한다.

종합부동산세 계산 방법

종부세의 계산 방법을 대략적으로 살펴보자. 종부세 과세표준은 납세의무자가 보유한 모든 국내 주택의 공시가격을 합산한 다음 과세기준금액 6억 원[1](1세대 1주택자는 11억 원)을 공제한 가격에 공정시장가액 비율을 곱하여 계산한다. 과세표준에 세율을 곱한 산출세액에서 재산세액을 공제하고, 마지막으로 연령별·보유기간별로 세액을 공제하고, 세부담 상한 초과세액을 공제하여 종부세를 구한다.

> 과세표준 : (공시가격의 합계액−과세기준금액)×공정시장가액 비율
>
> 산출세액 : 과세표준×세율−공제할 재산세액
>
> 납부할 세액 : 산출세액−(세액공제+세부담 상한 초과세액)

종부세는 인별로 과세한다. 뒤에서 자세히 살펴보겠지만 종부세도 1세대 1주택자에게는 많은 혜택이 주어지는데 1세대 1주택을 따질 때는

---

1 2023년 이후부터 과세기준금액은 9억 원(1세대 1주택자인 경우 12억 원)이다.

세대를 기준으로 하지만, 종부세는 인별 과세가 원칙이므로 과세표준을 구하거나 세율 적용을 위한 주택 수 계산 등은 모두 인별로 판단한다.

종부세 과세표준

과세표준 : (공시가격의 합계액－과세기준금액)×공정시장가액 비율

1) 주택 공시가격 합계액

주택 공시가격 합계액은 앞서 살펴본 합산배제 임대주택 등을 제외한 과세기준일 현재 납세의무자가 보유하고 있는 과세대상 주택의 공시가격을 합한 금액이다. 재산세 부과 시 감면규정이 적용된 주택의 경우는 당해 주택의 공시가격에서 감면 비율에 해당하는 공시가격을 차감한 후의 가액을 적용한다. 결국 재산세에서 적용된 감면이 종부세에서도 적용되는 셈이다.

2) 과세기준금액

종부세는 주택 공시가격 합계액이 과세기준금액을 초과한 경우에 납세의무가 생긴다. 2022년도의 일반적인 과세기준금액은 6억 원이며 1세대 1주택자인 경우 과세기준금액은 11억 원이다. 예를 들어 공시가격 12억 원인 1주택을 소유한 경우는 1억 원에 대해 종부세를 납부하게 되고, 공시가격 10억 원인 1주택을 소유한 경우는 종부세를 납부하지 않아도 된다.

2023년 이후부터는 과세기준금액이 9억 원이며 1세대 1주택자의 과세기준금액은 12억 원으로 상향되었다.

3) 공정시장가액 비율

공정시장가액 비율은 60~100% 범위 내에서 대통령령으로 정하며 2022년도에는 한시적으로 60%가 적용된다. 여소야대 국회 상황에서 법 개정 없이 시행령 개정만으로 종부세 부담을 줄이기 위해 공정시장가액 비율을 최대한 낮췄으나, 결과적으로 다주택자의 종부세 부담도 대폭 줄였다는 비판이 제기되고 있다.

종부세 산출세액

산출세액 : 과세표준 × 세율 − 공제할 재산세액

1) 적용세율

2022년도의 주택 종부세 세율은 아래 세율표와 같이 과세표준 금액에 따라 6단계 초과 누진세율을 적용하며, 조정대상지역 2주택자 또는 3주택 이상인 경우는 중과세율을 적용한다.[2]

과세표준	일반지역 2주택자 이하			3주택 이상·조정대상지역 2주택자			2023년도 (개정안)	
	개인		법인	개인		법인	개인	법인
	세율	누진공제		세율	누진공제			
3억 원 이하	0.6%	−	3%	1.2%	−	6%	0.5%	2.7%

---

2 2022년까지는 주택 수에 따라 다주택자에게 중과세율을 적용하는 차등 과세가 적용되었으나 2023년부터는 주택 수와 관련 없이 가액만을 기준으로 종부세 세율을 적용할 예정이다.

6억 원 이하	0.8%	60만 원		1.6%	120만 원		0.7%	
12억 원 이하	1.2%	300만 원		2.2%	480만 원		1.0%	
25억 원 이하	1.6%	780만 원	3%	3.6%	2천160만 원	6%	1.3%	2.7%
50억 원 이하							1.5%	
94억 원 이하	2.2%	3천780만 원		5.0%	9천160만 원		2.0%	
94억 원 초과	3.0%	1억1천300만 원		6.0%	1억8천560만 원		2.7%	

2) 세율 적용 시 주택 수 판정

위에서 본 바와 같이 2022년도의 종부세 세율은 주택 수에 따라 다르게 적용된다. 또한 종부세는 세대가 아닌 개인별로 부과되므로 납세의무자 개인이 보유한 주택 수를 기준으로 계산한다.

① 주택의 부속토지는 1주택으로 간주

종부세에서 주택 수를 판정할 때는 우리가 생각하는 주택뿐만 아니라 주택의 부속토지도 주택으로 간주하여 계산한다. 예를 들어 A주택(건물 + 부속토지)과 B토지(주택 부속토지), C토지(주택 부속토지)를 보유하고 있다면 종부세법상으로는 1세대 3주택자가 된다.

② 주택 수 판정 기준일

과세기준일인 6. 1.을 기준으로 주택 수 및 조정대상지역 지정 여부를 판단한다. 즉, 과세기준일인 6. 1. 후에 조정대상지역에서 해제되었다면 조정대상지역 내 주택에 해당한다.

③ 세율 적용 시 주택 수 계산 특례

ㄱ. 1주택과 타주택 부속토지 소유 시 1주택 특례 적용 : 납세의무자가 1주택과 다른 주택의 부속토지를 보유하고 있다면 예외적으로 1주택자로 본다. 그러나 주택의 부속토지만 2개를 보유한 경우는 2주택자가 되고, 2주택과 다른 주택의 부속토지를 보유하고 있는 경우는 3주택자로 본다.

ㄴ. 합산배제주택 : 합산배제주택은 세율 적용 시 주택 수에서 제외된다.

ㄷ. 일시적 2주택 : 1세대 1주택자가 종전주택 양도 전에 다른 주택을 대체취득한 경우(신규주택 취득 후 2년 내에 종전주택을 양도한 경우에 한한다) 주택 수에서 제외한다.

ㄹ. 상속주택 : 1세대 1주택자가 상속을 원인으로 취득한 주택을 함께 보유하는 경우로서 상속개시일부터 5년[3]이 경과하지 않은 주택

ㅁ. 지방 저가주택 : 1세대 1주택자가 수도권 및 광역시·특별자치시(광역시에 소속된 군, 읍·면 지역은 제외한다)가 아닌 지역에 공시가격 3억 원 이하의 주택을 함께 보유하고 있는 경우 저가주택은 주택 수에서 제외한다.

 일시적 2주택·상속주택·지방 저가주택의 종부세 적용

합산배제주택과는 달리 일시적 2주택, 상속주택, 지방 저가주택의 경우

---

3 공시가격이 수도권 6억 원, 비수도권 3억 원 이하인 저가주택 또는 상속지분 40% 이하인 주택은 기간 제한이 없다.

종부세 '세율'을 적용할 때와 1세대 1주택 여부를 판정할 때는 주택 수에서 제외하지만 과세표준을 구할 때에는 해당 주택의 공시가격도 주택 공시가격에 포함하여 과세표준을 계산한다는 점을 주의해야 한다.

Q 甲씨는 서울의 A주택(공시가격 11억 원)을 보유한 상태에서 2022. 5. 31. 서울의 B주택(공시가격 5억 원)을 상속받았다. 甲씨는 1세대 1주택자에 해당하여 2022년 종부세를 면제받을 수 있을까?

A 상속개시일로부터 일정기간(5년)이 경과하지 않은 경우 상속주택은 다주택자 세율 적용 혹은 1세대 1주택 판정 시에는 주택 수에서 제외된다. 다만, 상속주택은 과세표준을 구하는 주택 공시가격에는 포함되므로, 위 사례의 경우 종부세 과세표준은 3억 원[4]이 되며 적용세율은 1주택자 세율인 0.6%가 적용된다.

3) 공제할 재산세액

종부세 과세대상 주택은 예외 없이 재산세가 먼저 부과된다. 따라서 재산세를 고려하지 않고 종부세를 다시 부과하면 같은 주택에 재산세와 종부세가 이중으로 부과되는 문제가 발생하는데, 이를 방지하기 위해서 종부세 과세표준 금액에 부과된 재산세 상당액을 종부세액에서 공제하고 있다.

---

4 [(A주택 11억 원+B상속주택 5억 원)−과세기준금액 11억 원(1세대 1주택자 해당)]×60%

종부세 계산 시 실제 납부한 재산세를 전부 공제해 주지 않는 이유

종부세에서 공제하는 재산세액은 '순수한 재산세액'이다. 즉, 재산세와 동시에 부과되는 재산세 도시지역분, 지역자원 시설세, 지방교육세는 공제하지 않고 재산세액만을 공제하므로 납세자의 생각보다 적은 금액이 공제된다. 그나마 순수 재산세액 전부를 공제해 주지도 않는다. 재산세로 부과된 세액 중 '종부세 과세표준 금액 상당액'에 해당하는 재산세액만을 공제하므로 실제 납부한 재산세와 종부세 계산 시 공제하는 재산세는 차이가 있을 수밖에 없다.

종부세 납부세액

납부세액 : 산출세액－(세액공제＋세부담 상한 초과세액)

1) 1세대 1주택자에게만 적용되는 세액공제

납세의무자가 1세대 1주택자인 경우는 산출세액에 아래 연령별·보유기간별 비율을 곱하여 나온 금액을 산출세액에서 공제한다. 연령 공제는 60세 이상, 보유기간 공제는 5년 이상이 대상이며 연령별·보유기간별 세액공제는 합해서 80% 한도까지만 적용 가능하다.

세액공제 상한 비율	연령별 공제			보유기간별 공제		
	60세 이상	65세 이상	70세 이상	5년 이상	10년 이상	15년 이상
80%	20%	30%	40%	20%	40%	50%

2) 세부담 상한 초과세액

세부담 상한 제도는 부동산 가격 상승으로 보유세가 급격하게 상승하는 것을 방지하기 위해 도입되었으며, 해당연도 과세대상 주택에 부과된 재산세와 종부세 합계액이 해당 주택에 대한 직전년도 총세액에 일정비율을 곱한 금액을 초과하는 경우 그 초과하는 세액에 대해서는 종부세를 부과하지 않는 제도이다.

2022년도 세부담 상한 비율은 조정대상지역 2주택자와 3주택 이상자의 경우에는 300%, 그 외의 경우는 150%가 적용된다. 예를 들어 1세대 1주택자가 작년에 재산세 100, 종부세 200을 냈는데, 올해 재산세가 200, 종부세가 400이라면 총 600 중에 450[(100+200)×150%]을 초과하는 150에 대해서는 종부세를 부과하지 않는다.

다만, 2023년도 이후부터는 주택 수와 상관없이 150%의 세부담 상한비율을 적용하여 종부세 부담이 급격하게 늘어나지 않도록 했다.

1세대 1주택자 종합부동산세 혜택

종부세법상 1세대 1주택자의 범위

1) 1세대 1주택자

종부세법상 1세대 1주택자는 세대원 중 1명만이 재산세 과세대상인 1주택을 소유한 경우를 말한다. 과거에는 부부가 공동으로 1주택만을 소유한 경우에도 각각 지분 상당의 주택을 소유한 것으로 보아 2주택자로 과세하였으나, 2021년 법 개정으로 납세자가 1세대 1주택 적용 특례를 신청한 경우는 1세대 1주택 혜택을 받을 수 있게 되었다.

2) 주택 수 계산

① 합산배제주택

합산배제 임대주택과 합산배제 기타주택은 1세대 1주택 판단 시 주택 수에서 제외된다. 다만, 합산배제 임대주택 외에 1주택만을 소유한 경우는 해당 1주택에 납세자 본인이 주민등록이 되어 있고 실제 거주하는 경우에 한하여 1세대 1주택을 적용한다는 사실에 주의해야 한다.

② 일시적 2주택·상속주택·지방 저가주택

앞서 살펴본 바와 같이 1세대 1주택자가 일시적 2주택·상속주택·지방 저가주택을 함께 보유하는 경우에는 1세대 1주택 판정 시 해당 주택을 주택 수에서 제외한다.

③ 공동소유주택, 주택 부속토지 등

납세의무자가 합산배제주택·일시적 2주택·상속주택·지방 저가주택을 제외한 주택 및 공동소유주택, 주택에 딸린 부속토지 등을 소유한 경우는 주택 수에 포함하여 1세대 1주택자 여부를 판단한다.

납세의무자가 1주택과 다른 주택의 부속토지만을 소유한 경우에는 1세대 1주택자로 본다. 하지만 본인이 1주택을 보유한 상태에서 세대원 중 1명이 다른 주택의 부속토지를 소유한 경우는 1세대 1주택자에 해당하지 않으니 주의해야 한다.

1세대 1주택자 혜택

1) 과세기준금액 상향

2022년도의 경우 인별 주택 공시가격 합산금액 중 6억 원을 초과하는 금액에 대해 종부세가 부과되지만, 1세대 1주택자는 5억 원을 추가 공제하여 11억 원을 초과하는 금액에 대해 종부세가 부과된다. 2023년도부터는 과세기준금액이 대폭 상향되어 기본 과세기준금액이 9억 원(1세대 1주택자는 12억 원)으로 상향되었다.

2) 세액공제

1세대 1주택자의 경우는 주택분 종부세 산출세액에서 소유자의 연령과 주택 보유기간에 따라 최대 80%까지 세액공제가 적용된다. 다만 1주택과 다른 주택의 부속토지만을 소유한 경우는 다른 주택의 부속토지분에 해당하는 산출세액은 1세대 1주택자 세액공제 적용대상에서 제외된다.

종합부동산세의
부과와 신고·납부

종부세 부과

국세청은 앞서 살펴본 방법으로 계산된 종부세 고지서를 매년 11월 말에 납세의무자에게 발송하며 납세의무자는 납부기한인 12. 15.까지 종부세를 납부해야 한다.

종부세 신고

납세자는 당해연도 12. 1.부터 12. 15.까지 종부세를 신고·납부할 수 있다. 이 경우 국세청에서 발송한 당초 부과고지는 없었던 것으로 본다.

종부세는 서면신고도 가능하고, 홈택스(www.hometax.go.kr)에서 종부세 신고안내 동영상 또는 신고메뉴얼을 참고하여 전자신고할 수도 있다. 다만, 국세청에서 부과하는 방식이 아닌 신고·납부 방식으로 종부세를 납부하기로 마음먹었다면 정확한 신고·납부를 위해 세무전문가들과 먼저 상의할 것을 권한다.

종부세 분납

종부세 세액이 250만 원[1]을 초과한 경우에는 세액의 일부를 납부기한이 경과한 날부터 6개월 이내에 분납할 수 있다.

납부세액이 500만 원 이하인 경우는 12. 15.까지 250만 원을 납부하고, 나머지 금액을 다음 해 6. 15.까지 납부하면 되고, 납부세액이 500만 원을 초과한 경우는 12. 15.까지 절반 이상을 납부하고, 나머지 금액은 다음 해 6. 15.까지 납부하면 된다.

고령자·장기보유자 종부세 납부유예

대상자 : ① 1세대 1주택자이면서, ② 만 60세 이상 또는 주택을 5년 이상 보유하고, ③ 직전 과세기간 총급여가 7천만 원 또는 종합소득금액 6천만 원 이하이면서 ④ 해당연도 주택분 종부세가 100만 원을 초과하는 요건을 모두 충족해야 한다.

특례 : 납세담보 제공 시 상속·증여·양도 시점까지 주택분 종부세의 납부를 유예한다. 다만, 납부기한 이후 납부유예 종료 시점까지의 이자 상당액은 부과되며 위 ①번 요건에 대한 미충족 사유가 발생하거나 해당주택을 상속·증여·양도하는 경우 납부유예는 취소된다.

신청 : 종부세 납부기한 종료일(12. 15.) 3일 전까지 납부유예를 신청하면 된다.

---

1 종부세와 함께 부과되는 농특세를 제외한 금액이다.

종합부동산세의
불복 및 경정 청구

불복청구

종부세 부과처분에 잘못이 있어 세금을 더 낸 경우는 종부세 고지서를 수령한 날부터 90일 이내에 세무서나 국세청, 감사원, 조세심판원에 불복을 제기할 수 있다. 반드시 지켜야 하는 불변기일이므로 90일이 경과하면 요건 미비로 각하될 수 있으니 주의해야 한다. 참고로 우리나라 조세소송은 행정심판전치주의를 채택하고 있어, 행정소송을 제기하기 위해서는 반드시 심사청구나 심판청구를 먼저 거쳐야 한다.

종부세 경정청구

국세청 부과방식으로 종부세를 납부하지 않고, 스스로 종부세를 신고·납부한 경우는 법정 신고·납부 기한인 12. 15.로부터 5년까지 경정청구를 통해 더 낸 세금을 돌려받을 수 있다.

종부세 위헌 결정 시 환급 범위

종부세 위헌 결정 시 불복을 제기한 사람에게만 세금이 환급되는지 아니면 위헌 결정 내용에 해당하는 모든 납세자에게 환급될 것인지 의견이 분분하다. 2008년 종부세 세대 합산과세가 위헌으로 결정되었을 때, 국세청이 위헌심판 청구 여부와 관계없이 세대 합산 과세대상이 된 모든 납세자에게 세대별 합산으로 늘어난 세액을 환급했으므로 이번에도 위헌 결정 시 대상자 전원에게 환급해 줄 것으로 보는 의견이 있다.

반면, 이미 신고 및 과세가 완료된 처분에 대해서는 위헌 결정의 소급 효력이 없으므로, 위헌 결정에 따른 환급 대상은 불복을 제기하거나 경정청구를 제기한 사람에 국한된다는 주장도 있다.

엄격하게 법을 적용하면 위헌소송은 불복 또는 경정 청구를 제기한 사람에게만 효력이 있다. 그러나 국세청과 기재부는 개별적 위헌 청구 여부와 관계없이 납세자의 이익이 보호될 수 있도록 최선을 다하겠다고 반복하여 의견표명을 해왔으므로 모든 납세자에게 환급해 줄 가능성도 있다. 결국 환급의 범위는 위헌 결정에 따른 파급효과나 여론의 추이를 살펴서 기재부가 정하게 될 것이므로 아직은 어떻게 결정될지 단정하기 어렵다.

종부세가 위헌이라고 확신하는 일부 납세자는 종부세 고지서를 받고 90일 내에 불복을 제기하거나, 종부세를 신고·납부하고 경정청구를 제기하기도 한다. 다만 해마다 제기되고 있는 종부세 위헌소송이 이번 해에 위헌으로 결정 난다는 보장은 없다. 오히려 개인적으로는 합헌으로 결정될 가능성이 크다고 생각한다. 만일 불복을 제기하는 등의 노력을 기울였으나 합헌 결정이 나거나, 위헌 결정이 나더라도 불복 제기 여부와 관계없이 모든 납세자에게 환급해 준다면 그간의 노력은 허사가 된다. 물론 모든 선택은 납세자의 몫이다.

1. 주택분 공정시장가액 비율이 95%에서 60%로 인하되었다.

2. 합산배제 기타주택의 범위가 확대되었다.

   먼저, 어린이집용 주택의 범위가 '가정어린이집용 주택'에서 '어린이집용 주택'
   으로 확대되었다. 단, 「영유아보육법」에 따라 시·군·구 인가를 받거나 운영을
   위탁받은 국공립어린이집으로 세무서에서 고유번호를 부여받고 5년 이상 계
   속하여 운영한 어린이집이어야 한다.

   또한, 문화재 주택의 범위가 '국가등록문화재 주택'에서 '등록문화재 주택'으
   로 확대되었고, 일정한 요건을 갖춘 주택건설사업자가 주택건설사업을 위하
   여 멸실시킬 목적으로 취득하여 3년 이내 멸실시키는 주택도 합산배제주택
   의 범위에 포함되도록 하였다.

3. 1세대 1주택자 판정 시 주택 수에서 제외하는 주택의 범위를 확대하였다.

   1세대 1주택자 판정 시 아래 요건을 만족시키는 일시적 2주택, 상속주택, 지
   방 저가주택은 주택에서 제외하여 1세대 1주택자 적용 대상을 확대하였다.[1]

   다만, 신규주택을 대체 취득하고 2년이 경과하는 등 일시적 2주택 요건을 충
   족시키지 못할 경우에는 경감세액 및 이자상당가산액(1일당 0.022%)을 추징
   한다.

   ---

   1 최초 신고 이후 변동사항이 없는 경우 최초 신고내용이 계속하여 적용된다.

구분	요건
일시적 2주택	1세대 1주택자가 종전주택을 양도하기 전에 신규주택을 대체취득하고 2년이 경과하지 않은 경우
상속주택	상속을 원인으로 취득한 주택으로 다음 중 어느 하나에 해당하는 주택 ① 상속개시일로부터 5년이 경과하지 않은 주택 ② 소수지분주택[2] 또는 저가주택[3]
지방 저가주택	공시가격 3억 원 이하이면서 수도권·광역시[4]·특별자치시[5] 외의 지역에 소재하는 1주택

4. 세율 적용 시 주택 수 산정 특례 대상을 확대하였다.

상속주택, 무허가주택의 부속토지를 소유한 납세자 특례세율 적용을 신청할 경우, 해당 물건은 세율 적용 시 주택 수에서 제외하여 중과세율 적용을 피할 수 있도록 하였다(자세한 내용은 310p 종부세 핵심 3 참고).

구분	요건
상속주택	상속을 원인으로 취득한 주택으로 다음 중 어느 하나에 해당하는 주택 ① 상속개시일로부터 5년이 경과하지 않은 주택 ② 소수지분주택[6] 또는 저가주택[7]
무허가주택의 부속토지	토지를 사용할 수 있는 권원이 없는 자가 「건축법」 등 관계 법령에 따른 허가 또는 신고를 하지 않고 건축하여 사용 중인 주택의 부속토지

---

2 소유지분 40% 이하

3 공시가격 수도권 6억 원 이하, 비수도권 3억 원 이하

4 군 제외

5 읍·면 제외

6 소유지분 40% 이하

7 공시가격 수도권 6억 원 이하, 비수도권 3억 원 이하

5. 종부세 납부유예

과세기준일 현재 아래 요건을 모두 충족하는 납세자는 주택분 종부세 납부
유예를 신청할 수 있다.

- 1세대 1주택자일 것
- 만 60세 이상이거나 해당 주택을 5년 이상 보유
- 직전 과세기간 총급여액 7천만 원 이하 그리고 종합소득금액 6천만 원 이하
- 해당연도의 주택분 종부세액이 100만 원 초과

납세자가 납부기한 3일 전까지 납부유예 신청서를 제출하면 관할 세무서장은
납부기한 만료일까지 허가여부를 서면으로 통지하며, 취소 시에는 일정액(납
부유예 허가금액 - 납부한 금액 + 이자상당가산액[8])을 추징한다.

---

8 미납금액×납부유예 허가연도의 납부기한 다음 날부터 징수세액 고지일까지 기간×국세환급가
   산금 이자율(연 1.2%)

참고 2 🔍 어려운 종부세 핵심 규정 4가지 쉽게 이해하기

합산배제주택, 1세대 1주택자 판정 시 주택 수 제외, 세율 적용 시 주택 수 산정 특례의 차이를 정확히 구분할 수 있다면 '종부세 고수'이다.

오랜 시간 동안 종부세 관련 업무를 담당하면서 의외로 ㉮ 합산배제주택, ㉯ 1세대 1주택자 판정 시 주택 수 제외, ㉰ 세율 적용 시 주택 수 산정 특례, 이세 가지를 정확하게 구분하지 못하는 세무대리인을 적잖이 볼 수 있었다. 종부세가 주택 수에 따라서 중과세율이 적용되고, 최근 종부세 부담이 급격히 증가하면서 위 개념의 정확한 구분이 매우 중요해졌다. 종부세 세액계산에 미치는 영향이 각기 다르기 때문인데, 결론부터 말하면 ㉮ 합산배제주택 > ㉯ 1세대 1주택자 판정 시 주택 수 제외 > ㉰ 세율 적용 시 주택 수 산정 특례 순으로 세금 혜택이 커진다.

···························· 핵심1 ····························

합산배제주택 ➡ '종부세를 과세하지 않겠다'는 의미

합산배제주택은 합산배제 임대주택과 합산배제 기타주택을 말한다. 법에서 정하는 일정 요건을 갖춘 합산배제주택이 되면 종부세를 처음부터 과세하지 않는다. 종부세 계산 시 과세표준에 포함되지 않으므로 납세의무자는 이를 없는 주택처럼 취급하면 된다. 따라서 합산배제주택은 까다로운 요건을 충족해야 한다.

1세대 1주택자 판정 시 주택 수 제외 ➡ '종부세 과세'는 하지만, '1세대 1주택자 혜택'을 주겠다는 의미

2022년 종부세법 개정의 핵심은 1세대 1주택자 판정 시 주택 수에서 제외하는 주택에 일시적 2주택, 상속주택, 지방 저가주택이 포함되었다는 것이다. 여기서 1세대 1주택자 판정 시 주택 수에서 제외한다는 의미는 종부세를 과세하지 않겠다는 의미가 아니다. 종부세 과세표준에는 포함시키지만, 1세대 1주택자처럼 취급하여 ① 기본공제 11억 원, ② 보유기간 및 연령에 따른 세액공제[1](최대 80%), ③ 일반 세율(0.6~3%)을 적용하겠다는 것이다. 1세대 1주택자 판정 시 주택 수에서 제외한다는 의미를 합산배제주택처럼 처음부터 없는 주택으로 취급한다는 것으로 오해하지 않아야 한다.

세율 적용 시 주택 수 산정 특례 ➡ '주택 수에 따른 종부세 세율 적용 시에만' 주택 수에서 포함시키지 않겠다는 의미

과세기준일인 2022. 6. 1. 현재 일정요건의 상속주택 또는 무허가주택의 부속토지를 소유한 경우에는 세율 적용 시 주택 수 산정 특례를 신청할 수 있다. 2022년 종부세는 과세기준일 현재 납세자가 국내에 보유한 모든 주택 수를 합하여 일반세율을 적용할지, 다주택자 중과세율을 적용할지를 판단한다. 3채 이상의 주택을 보유하고 있거나, 조정대상지역 내에 2주택 이상을 보유하고 있다면 다주택자 중과세율이 적용된다.

---

1 종전주택에만 세액공제가 적용되며 신규주택, 상속주택, 지방 저가주택에 대해서는 세액공제를 적용하지 않는다.

이때, 상속주택 혹은 무허가주택의 부속토지를 소유하고 있다면, 세율 적용 시에만 주택 수에서 제외시켜 주겠다는 의미이다. 예를 들어, 과세기준일 현재 조정대상지역 내 1주택과 비조정대상지역 내 2주택을 보유한 경우에는 일반 3주택 이상자에 해당하므로 다주택자 중과세율이 적용되나, 만일 비조정대상지역 내 1주택이 상속주택이거나 무허가주택의 부속토지라면 이를 주택 수에서 제외하여 종부세 일반세율이 적용된다.

조정 A주택+비조정 B주택+비조정 C주택 ➡ 3주택 이상자 중과세율 적용

조정 A주택+비조정 B주택+비조정 C주택(상속주택) ➡ 2주택자 일반세율 적용

·· 핵심4 ··

종부세법에서 말하는 '1세대 1주택'이란?

종부세법에서 말하는 1세대 1주택이란 과세기준일 현재 세대원 중 1인이 주택분 재산세 과세대상인 1주택만을 전부 소유한 경우를 말한다. 다시 말해 1세대 구성원 중 1인이 주택 1채의 지분 전부를 가지고 있는 경우를 1세대 1주택이라고 한다.

따라서, 세대원들이 1주택을 공유하고 있는 경우는 종부세법상 1세대 1주택자에 해당하지 않는다. 다만, 부부가 1주택을 공동소유하고 있는 경우에는 예외적으로 종부세 부부 공동명의 1주택자 특례 신청을 통해 1세대 1주택 특례를 적용받을 수 있다.

부 ½ + 자 ½ ➡ 1세대 1주택자 아니다.

남편 ½ + 아내 ½ ➡ 원칙적으로 1세대 1주택자가 아니나, 1주택자 특례를 신청하면 1주택자처럼 취급한다.

참고 3 🔍 2022년 종부세 주요 Q&A (국세청 발표 자료 참고)

합산배제 및 특례 일반

Q 종합부동산세 합산배제 신고란?

납세자가 보유하고 있는 주택 및 토지 중 종합부동산세 합산배제 요건을 충족하는 주택[1] 및 토지[2]를 종합부동산세 과세대상에서 제외하도록 관할세무서에 신고하는 것을 말한다. 신고기간은 9. 16.부터 9. 30.까지이며, 홈택스를 이용하여 전자신고(www.hometax.go.kr)하거나 주소지 관할세무서에 신고서를 제출할 수 있다.

Q 일시적 2주택, 상속주택, 지방 저가주택 소유자의 1세대 1주택자 특례 신청이란?

과세기준일 현재 2주택 이상을 보유한 경우 1세대 1주택자 계산방식을 적용할 수 없다. 다만, 1세대 1주택자가 기존주택을 양도하기 전에 다른 주택을 취득하거나 상속주택 또는 지방 저가주택을 소유한 경우 납세자의 신청에 따라

---

1 임대주택 및 사원용 주택 등(미분양주택,대물변제 주택 등 포함)

2 주택건설사업자가 주택을 건설하기 위해 취득한 토지

1세대 1주택자 계산방식(기본공제 11억 원, 최대 80% 세액공제)을 적용받을 수 있는데 이때 납세자가 신청하는 것이 1세대 1주택자 특례 신청이다.

 합산배제 및 과세특례 신고(신청)는 어떻게 하는가?

아래의 신고서를 작성하여 서면으로 신고하거나 국세청 홈택스(www.hometax.go.kr)에서 신고 가능하다.

구분	신고 서식
합산배제주택	• 임대(사원용)주택 합산배제(변동)신고서
합산배제 토지	• 주택 신축용 토지 합산배제(변동) 신고서
부부 공동명의 특례	• 종합부동산세 부부 공동명의 1주택자 특례 신청서
일시적 2주택 등 특례	• 1세대 1주택자 적용 시 주택 수 산정 제외 신청서
무허가주택 부속토지 등	• 세율 적용 시 주택 수 산정 제외 신청서
법인 일반세율 적용	• 법인 주택분 종합부동산세 일반세율 적용 신청서

▶ 접근경로 : 홈택스 → 세무서식(우측 하단) → 종합부동산세법, 조세특례제한법

▶ 공동인증서 접속 → 신고/납부 → 일반신고 → 각 신고(신청) 메뉴 선택

합산배제

Q 임대주택등록이 자동(자진)말소된 경우에 반드시 합산배제 "제외" 신고를 해야 하는가?

기존 합산배제 신고된 임대주택이 단기임대주택 또는 아파트 장기일반매입임대주택으로서 민특법에 따라 자동(자진)말소된 경우 합산배제 "제외(과세대상 포함)" 신고를 해야 한다. 합산배제 "제외" 신고를 하지 않은 경우 추후 가산세를 포함하여 경감된 세액이 추징될 수 있다.

Q 아파트는 합산배제 임대주택으로 적용받을 수 없는가?

민특법 개정에 따라 2020. 7. 11. 이후 아파트를 장기일반민간임대주택(매입임대주택)으로 등록 신청한 경우에는 합산배제를 적용받을 수 없다. 다만, 건설임대주택 중 장기일반민간임대주택은 여전히 합산배제 임대주택으로 적용 받을 수 있다.

Q 단기매입임대주택은 합산배제 임대주택으로 적용받을 수 없는가?

2018. 3. 31. 이전에 임대사업자등록과 사업자등록을 한 주택에 대해서는 합산배제가 적용되나, 민특법 개정으로 단기임대등록제도가 폐지되어 2022년 이후에는 어떠한 경우에도 합산배제를 적용받을 수 없다.

Q 지금이라도 장기일반민간임대주택으로 등록하면 합산배제 임대주택으로 적용받을 수 있는가?

2018. 9. 14. 이후에 1세대가 1주택을 보유한 상태에서 조정대상지역 내에서 새로 취득한 장기일반민간임대주택은 합산배제 대상에서 제외된다. 또한, 민특법 개정에 따라 2020. 7. 11. 이후 아파트를 장기일반민간임대주택(매입임대주택)으로 등록 신청한 경우에도 합산배제를 적용받을 수 없다.

Q 5층 이상 도시형 생활주택을 임대등록한 경우 합산배제가 가능한가?

민특법상 5층 이상 도시형 생활주택은 아파트에서 제외되어 민간임대주택 등록이 허용되며, 그에 따라 합산배제 대상에 포함된다.

〈종부세 합산배제 임대주택 요건 변화〉

- ('18. 3. 31. 이전 임대등록) 단기 및 장기 임대주택 합산배제 허용
- ('18. 4. 1. 이후 임대등록) 단기임대주택 제외, 장기일반민간임대주택만 합산배제 허용
- ('20. 7. 11. 이후 임대등록 신청) 장기일반민간임대주택 중 아파트 합산배제 제외
- ('20. 8. 18. 이후) 민특법 개정에 따라 아파트 장기일반민간임대주택 등록 폐지
- ('21. 3. 16. 이후) 민특법 추가 개정에 따라 5층 이상 도시형 생활주택을 아파트에서 제외하여 민간임대주택 등록 허용 → 합산배제 가능

Q 지난해 합산배제 신고 후 변동사항이 없는 경우에도 올해 다시 신고해야 하는가?

기존에 합산배제 신고한 납세자는 과세대상 물건에 변동사항(소유권·면적 등)이 있는 경우에만 신고기간 내에 물건 변동내역을 반영하여 신고하면 된다. 따라서, 변동사항이 없는 경우에는 신고할 필요가 없다.

다만, 기존 합산배제 적용 주택 등이 임대료 상한 초과, 임대사업 말소 등으로 합산배제 요건을 충족하지 못하게 된 경우 합산배제 대상에서 "제외"하는 신고를 해야 한다.

Q 합산배제 신고 후 법정요건을 충족하지 못하게 될 경우 불이익은?

합산배제 신고 후 요건을 충족하지 못한 주택 및 토지에 대해서는 경감받은 세액에 이자상당가산액[3]을 포함하여 추가로 신고·납부해야 한다.

임대료 상한(5%)요건을 위반한 경우에는 해당연도와 그 다음연도 총 2년간 합산배제 적용대상에서 제외된다.

Q 합산배제 임대주택 임대료 증액 5% 상한은 언제부터 적용되고 위반 시 어떤 불이익이 있는가?

2019. 2. 12. 이후 최초 체결하는 표준임대차계약을 기준으로 이후 임대차계

---

3   납부기한 다음날부터 고지일까지 1일 22/100,000 가산

약을 체결하거나 갱신하는 분부터 적용된다. 임대보증금 또는 임대료 증가율이 5%를 초과할 경우 과거 경감받은 세액과 이자상당가산액을 납부해야 하고 해당연도와 그 다음연도 2년간 합산배제 대상에서 제외된다.

Q 종합부동산세 부과 시 조정대상지역을 판단하는 시점은?

종부세 과세기준일 현재 조정대상지역에 해당하는지 여부로 판단한다.

Q 2018. 9. 14. 이후 조정대상지역에 있는 주택을 취득하였으나, 취득 계약은 2018. 9. 13. 이전에 한 경우 장기일반민간임대주택으로 합산배제 적용이 가능한가?

2018. 9. 13.까지 조정대상지역 내 주택 취득을 위해 매매계약을 체결하고 계약금을 지급한 사실이 증빙서류에 의하여 확인되는 경우 합산배제가 적용된다. 또한, 주택 취득·계약 일자가 조정대상지역 공고일 전·후인지의 여부에 따라 합산배제 가능 여부가 달라진다.

Q 실제 주택임대를 하고 있음에도 임대업 등록을 하지 못한 경우 합산배제 신고를 할 수 없는가?

종합부동산세 과세기준일 현재 실제 주택을 임대하고 있는 납세자의 경우, 합산배제 신고기간 종료일(9. 30.)까지 임대사업자(시·군·구)와 주택임대업 사업자(세무서)를 각각 등록하는 경우 합산배제를 적용받을 수 있다.
다만, 아파트의 경우 민특법 개정으로 매입임대주택 유형이 폐지됨에 따라 현재 주택임대사업 등록이 불가능하므로 합산배제가 적용되지 않는다.

> **Q** 임대사업자로 등록하기 이전에 임대한 기간도 의무임대기간에 포함되는가?

임대기간은 임대사업자의 지위에서 임대한 기간을 뜻하며, 임대사업자로 등록하기 이전의 임대기간은 의무임대기간에 포함되지 않는다.

> **Q** 주택임대사업자등록은 물건지별로 각각 해야 하는가?

주소지 관할 시·군·구청에서 본인 소유 임대주택을 일괄 등록할 수 있으며, 지방자치단체에서 발급한 임대사업자등록증을 가지고 주소지 관할세무서에서 사업자등록을 하면 된다.[4]

---

4 2018. 4. 2.부터는 주택임대사업자가 지방차치단체장에게 임대사업자등록 신청 시, '세무서 사업자등록 신청서 제출'에 동의하는 경우 세무서를 방문하지 않고 신청정보를 주고받아 사업자등록을 처리할 수 있다.

부부 공동명의 특례

Q 부부 공동명의 특례를 신청하면 무조건 유리한가?

공동명의 1주택자 특례는 주택의 공시가격, 보유 지분율 현황 등에 따라 유
불리가 달라질 수 있으며, 국세청 홈택스 「종합부동산세 간이세액계산」 서비
스 등을 이용하여 상황별 세액을 계산해 본 후 유리한 방향으로 결정해야
한다.

Q 부부 공동명의 1주택자 과세특례 적용 시 납세의무자를 판단하는
기준이 무엇인가?

부부 중 지분율이 큰 자가 납세의무자이나, 지분율이 동일한 경우에는 납세
자가 납세의무자를 선택할 수 있다. 지분율 판단 기준은 공부상 면적이 아니
라, 주택과 부속토지분의 공시가격 합계액 중 부부 각자의 지분 공시가격이
차지하는 비율이다.

Q 부부가 동일 지번의 주택과 부속토지를 나누어 각각 소유한 경우에도
부부 공동명의 1주택자 과세특례 신청이 가능한가?
(사례) 단독주택 : 주택 지분(남편 100%), 부속토지 지분(아내 100%)

주택과 부속토지를 나누어서 보유하였더라도, 다른 세대원이 주택을 보유하
지 않은 경우에는 부부 공동명의 1주택자 과세특례를 적용받을 수 있다.

과세기준일 현재 부부가 공동으로 1주택만을 소유하고 다른 세대원이 주택을 소유하지 않은 경우에 부부 공동명의 특례 적용이 가능하며, 부부 공동명의 1주택의 납세의무자[5]가 다른 주택의 부속토지를 소유한 경우에도 1세대 1주택자 특례 적용이 가능하다.

다만, 납세의무자가 아닌 배우자가 공동명의 1주택 외에 다른 주택의 부속토지를 소유한 경우에는 1세대 1주택자 특례가 적용되지 않는다(예 : A주택 배우자 60%, 남편 40% + B주택 부속토지 남편 100%).

—

5   납세의무자 : 지분율이 큰 자, 지분율이 동일한 경우에는 선택

일시적 2주택 1세대 1주택자 특례

Q 일시적 2주택이란?

1세대 1주택자가 기존주택을 양도하기 전에 다른 주택을 대체취득하여 과세기준일 현재 일시적으로 2주택이 된 경우로, 신규주택 취득일로부터 2년 이내에 종전주택을 양도하는 것을 말한다.

Q 일시적 2주택 특례를 적용받기 위해서는 이사할 집을 언제 사야 하는가?

일시적 2주택 특례와 관련하여 양도세의 경우와 달리 종전주택 보유기간, 신규주택 취득시기 등에 대한 제한은 없다.

Q 남편 명의 1주택이 있는 상태에서 배우자 명의의 대체주택을 취득한 경우 일시적 2주택 특례를 적용받을 수 있는가?

종부세법에서 말하는 1세대 1주택이란, 과세기준일 현재 세대원 중 1인이 1주택만을 전부 소유한 경우를 의미하므로, 종전주택 명의자와 대체주택 명의자가 다른 경우에는 일시적 2주택 특례를 적용받을 수 없다.

상속주택 보유자의 1세대 1주택자 특례

Q 상속주택이란?

상속주택이란 1주택자가 상속으로 취득한 주택으로서 과세기준일 현재 아래
어느 하나에 해당하는 주택을 말한다.

㉠ 상속개시일로부터 5년이 경과하지 않은 주택

㉡ 상속지분이 전체 주택 지분의 40% 이하인 주택

㉢ 상속받은 주택 지분에 해당하는 공시가격이 수도권 6억 원, 수도권 밖 3억
   원 이하인 주택

**Q 상속주택을 여러 채 소유하고 있는 경우에도 1세대 1주택자 특례를
적용받을 수 있는가?**

주택을 여러 채 상속받은 경우에도 법적 요건을 갖춘 경우에는 1세대 1주택
자 특례를 적용받을 수 있다.

**Q 상속개시일로부터 5년이 경과하지 않은 경우에도 지분율(40%)이나
공시가격 요건을 충족해야 하는가?**

상속개시일로부터 5년이 경과하지 않은 상속주택은 1세대 1주택자 특례 적
용대상이 되며, 상속개시일로부터 5년이 경과한 상속주택의 경우에도 상속주
택의 지분율이 40% 이하이거나, 과세기준일 현재 소유 지분율에 상당하는

공시가격이 6억 원(수도권 밖 3억 원) 이하인 경우 1세대 1주택자 특례 적용대 상이 된다.

> **Q** 상속받은 지 5년이 지난 후 수도권 소재 주택의 공시가격이 6억 원을 초과하는 경우 5. 31.까지 일부를 처분해서 6억 원 이하가 되면 1세대 1주택자 특례를 적용받을 수 있는가?

1주택자가 상속받은 주택의 일부를 처분(양도·증여 등)하여 과세기준일 현재 상속지분율에 상당하는 공시가격이 6억 원(수도권 밖 3억 원) 이하가 되면 1세 대 1주택자 특례를 적용받을 수 있다.

> **Q** 피상속인이 일부만 소유하던 주택을 상속받은 경우, 1세대 1주택자 특례 적용 기준인 '지분율 40% 이하'는 상속받은 지분의 40%를 의미하는 것인가, 아니면 전체 주택의 40%를 의미하는 것인가?

'1세대 1주택자 특례'의 적용 기준인 '지분율 40% 이하'의 의미는 상속받은 지분의 40%가 아니라 전체 주택에서 상속받은 지분이 차지하는 비율이 40% 이하인 경우를 말한다.

➡ 사례 : 피상속인이 50%를 소유하던 주택을 상속인 2명이 각각 50%씩 상속받은 경우 상속주택 전체에 대한 소유 지분율이 각각 25%이므로 1세대 1주택자 특례 적용 가능.

> **Q** 6억 원(수도권 밖 3억 원) 이하의 주택을 상속받으면 5년이 지나도 계속 종부세 특례를 적용받을 수 있는가?

상속주택의 소유 지분율에 상당하는 공시가격은 과세기준일 현재를 기준으로 판단하므로, 상속개시일로부터 5년이 경과한 상속주택의 과세기준일 현재 소유 지분율에 상당하는 공시가격이 6억 원(수도권 밖 3억 원) 이하인 경우에는 1세대 1주택자 특례를 적용받을 수 있다.

> **Q** 상속주택 또는 지방 저가주택을 먼저 취득하고 1주택을 나중에 취득한 경우에도 1세대 1주택자 특례를 적용받을 수 있는가?

상속주택과 지방 저가주택에 대한 1세대 1주택자 적용 특례의 경우 주택의 취득 순서와 관계없이 과세기준일 현재 요건을 충족하는 경우 특례가 적용된다.

> **Q** 상속주택에 대한 1세대 1주택자 특례와 세율 적용 시 주택 수 계산 특례는 어떻게 다른가?

상속주택에 대한 2가지 특례 모두 동일한 법적 요건[6]을 갖추어야 특례가 적용되지만 1세대 1주택자 특례는 1세대 1주택자가 상속주택을 보유하였을 경우, 해당 납세자를 1세대 1주택자로 인정하여 기본공제(11억 원) 및 연령·보유기간에 따른 세액공제를 부여받을 수 있도록 하는 제도이며, 세율 적용 시 주택 수 계산 특례는 상속주택을 주택 수에서 제외하여 3주택자 이상(조정 2주택자 포함)에게 적용되는 높은 세율(1.2~6%) 대신 낮은 세율(0.6~3%)을 적용받을 수 있게 하는 제도이다.

6　상속을 원인으로 취득한 주택이 아래 3가지 요건 중 하나를 충족할 경우 특례 적용. ① 상속개시일로부터 5년 이내, ② 지분율 100분의 40 이하, ③ 지분율에 상당하는 공시가격이 6억 원(비수도권의 경우 3억 원) 이하

종부세법에서 말하는 1세대 1주택이란, 과세기준일 현재 세대원 중 1인이 1주택만을 전부 소유한 경우를 의미하므로, 종전주택 명의자와 상속주택 명의자가 다른 경우에는 1세대 1주택자 과세특례를 적용받을 수 없다.

지방 저가주택 보유자의 1세대 1주택자 특례

Q 지방 저가주택이란?

1주택자가 보유한 수도권·광역시·세종특별자치시(읍·면 지역은 제외) 외의 지역에 소재하는 공시가격 3억 원 이하인 주택을 1주택 특례 적용대상 지방 저가주택이라 한다.

Q 경기도 읍·면 지역에 소재하는 3억 원 이하 주택도
지방 저가주택으로서 1세대 1주택자 특례를 적용받을 수 있는가?

수도권(서울특별시, 인천광역시, 경기도)에 소재하는 모든 주택은 1세대 1주택자 특례 적용대상인 지방 저가주택에 해당하지 않는다.

Q 지방 저가주택을 2채 이상 소유하고 있는 경우 1세대 1주택자 특례를
적용받을 수 있는가?

지방 저가주택을 2채 이상 소유하고 있는 경우 1세대 1주택자 특례를 적용받을 수 없다.

Q 일시적 2주택, 상속주택, 지방 저가주택을 모두 보유하고 있는
경우에도 1세대 1주택자 특례를 적용받을 수 있는가?

1세대 1주택자 특례 요건을 갖춘 일시적 2주택, 상속주택, 지방 저가주택을
함께 보유한 경우 1세대 1주택자 특례를 적용받을 수 있다.

Q 1세대 1주택자 특례가 적용되는 일시적 2주택, 상속주택,
지방 저가주택은 과세받지 않는가?

1세대 1주택자 특례가 적용되는 일시적 2주택, 상속주택, 지방 저가주택은 과
세표준에 합산하여 세액계산하므로 종부세가 과세된다. 특례 대상 주택에 대
해서는 11억 원(1세대 1주택자 공제금액)을 공제하지만, 해당 주택에 대해서는 보
유기간·연령별 세액공제는 적용하지 않는다.

Chapter 11

해외부동산과
세금

최근 몇 년간 우리나라 부동산, 특히 주택 가격은 엄청나게 폭등했다. 그런데 주택 가격의 과도한 상승은 우리나라만의 문제는 아니었다. 코로나 사태 극복을 위해 세계 각국은 경쟁적으로 유동성을 늘리고 초저금리를 유지했으며, 그 결과 주식·가상화폐·부동산 등 실물자산 가격이 급등했다.

캐나다의 경우 토론토와 밴쿠버 등 대도시 집값은 20년 가까이 계속 상승했고, 지난 2년 동안은 집값이 무려 50%나 올랐다고 한다. 토론토의 2022년 4월 기준 평균 집값은 120만 캐나다 달러로 우리 돈으로 약 12억 원이다.

투자 목적의 해외부동산 취득에 제한이 있었던 과거와 달리, 2008년 이후에는 투자 목적이든 이민 목적이든 우리나라 거주자가 해외부동산을 자유로이 취득하고 처분할 수 있게 되었다.

하지만 해외부동산 투자에 대해서는 국내 자산이 해외로 유출될 수 있다는 우려 때문에 아직도 정부에서 투자자의 자금 흐름과 해외부동산 운용 현황을 은행이나 세무서에 보고하도록 하고 있다.

부동산을 사고파는 것은 쉬운 일이 아니다. 자금조달부터 세금 납부까지 신경 쓸 일이 많다. 해외부동산 투자의 경우에는 국내 부동산 투자보다 신경 써야 할 부분이 훨씬 많다. 이번 장에서는 해외부동산의 취득·보유·양도 시점별로 투자자가 유의해야 할 부분을 은행 절차와 세무 절차로 나눠서 살펴보기로 한다.

해외부동산의 취득

은행 절차

1) 외국환거래은행 지정

현행법상 해외부동산은 현금거래는 할 수 없고 은행을 통해서만 거래할 수 있다. 또한, 외국환거래 중 한도관리나 사후관리가 필요한 경우는 투자자가 지정한 하나의 외국환은행을 통해서만 거래하도록 법으로 강제하고 있다. 따라서 해외부동산을 취득하기 위해서는 먼저 외국환은행 한 곳을 정해서 해당 은행에 '거래외국환은행 지정신청서'를 제출해야 한다.

2) 해외부동산 취득 신고·수리

해외부동산 취득 계약을 체결하면 지정거래 외국환은행에 계약서 등 서류와 함께 '해외부동산 취득신고·수리서'를 제출해야 한다. 신고·수리서를 제출받은 외국환은행은 취득인의 자격, 부동산 취득 목적, 용도의 적정성, 취득금액의 적정성 등을 판단한 후 신고·수리서를 교부한다. 참고로 해외부동산 취득신고·수리서와 함께 제출해야 할 서류는 아래와 같다.

① 매매신고서

② 신분증

③ 매매·분양 계약서(매매조건이 명시된 가계약서, 분양계약서, 분양입증서류 등)

④ 국세·지방세 납세 증명서

⑤ 거래상대방(매도인) 실체 확인 서류

⑥ 부동산 실체 확인 서류

⑦ 현지 금융·감정기관의 부동산 감정평가서

⑧ 주민등록등본(신청일로부터 3영업일 이내 발급분)

⑨ 현지 모지지론 관련 서류

⑩ 송금신청서

3) 취득보고서 제출

부동산 취득자금 송금 후 3개월 내에 '해외부동산 취득보고서'를 지정거래 외국환은행에 제출해야 한다. 취득자금을 분할해서 송금한 경우에는 최종 취득자금을 송금한 날로부터 3개월 내에 신고해야 한다.

세무 절차

1) 증여세 해당여부 검토(자금출처 소명)

해외부동산을 취득할 때 국내에 신고·납부해야 할 세금은 없다. 다만, 부모 등 타인으로부터 자금을 증여받아 해외부동산을 취득한 경우에는 증여세를 신고·납부해야 한다.

세법에서는 직업·연령·소득 및 재산 상태 등으로 보아 자력으로 재산을 취득하였다고 보기 어려운 경우에는 다른 사람으로부터 취득자금을 증여받은 것으로 추정한다. 이에 따라 해외부동산을 취득한 경우 취득금액의 80% 이상에 대한 자금출처를 밝힐 수 있어야만 과세당국의 증여세 과세를 피할 수 있다.

2) 해외부동산 취득 시 제출할 서류

개별 해외부동산 취득가액이 2억 원 이상인 경우에는 취득 다음연도 6월 말까지 해외부동산 취득·보유·투자운용(임대) 및 처분명세서, 해외부동산 취득계약서, 등기부등본 등을 주소지 관할세무서에 제출해야 한다. 해외부동산을 개인사업장으로 사용하는 경우에는 해외영업소 설치현황표도 함께 제출해야 한다.

해외부동산의 보유

은행 절차

사후관리보고서 제출

해외부동산을 보유하고 있는 경우에는 2년마다 지정거래 외국환은행에 부동산을 계속 보유하고 있다는 사실을 입증하는 서류를 첨부하여 사후관리보고서를 제출해야 한다. 위의 사후관리 의무를 이행하지 않으면 관련 법령에 따라 과태료 부과 등 불이익을 받을 수 있으니 각별한 주의가 필요하다.

세무 절차

1) 종합소득세 신고

전 세계 공통으로 재산세나 종부세 등 보유세는 자산 소재지국에서 과세한다. 따라서 해외에 주택을 아무리 많이 가지고 있더라도 우리나라에서 재산세나 종부세를 납부할 의무는 없다.

하지만 소득세는 다르다. 우리나라 거주자는 국내는 물론 다른 나라에서 벌어들인 소득에 대해서도 소득세를 납부해야 한다. 따라서 해외부동산에서 임대소득이 발생한 경우, 매년 5월 말까지 국내에서 발생한 소득과 해외부동산 임대소득을 합산해서 종합소득세를 신고해야 한다.

해외부동산 소재지국에서 임대소득과 관련하여 납부한 외국납부세액이 있다면 외국납부세액공제를 받거나 필요경비에 산입하는 방법으로 공제받을 수 있다. 다만, 대부분의 경우 필요경비 산입보다는 외국납부세액공제를 받는 것이 세부담 측면에서 유리하다.

2) 해외부동산 취득·보유·투자운용(임대) 및 처분명세서 제출

취득가액 2억 원 이상인 해외부동산을 취득하여 보유하고 있는 거주자는 매년 6월 말까지 해외부동산 등의 취득·투자운용(임대) 및 처분명세서와 과세기간 종료일(12. 31.) 현재의 해외부동산 보유현황을 보고해야 한다.

국세청에서는 거주자의 해외부동산 관리 목적으로 위 명세서를 제출받고 있으므로, 해외부동산에서 임대소득이 전혀 발생하지 않더라도 반드시 명세서를 제출해야 한다.

해외부동산의 처분

은행 절차

해외부동산처분(변경)보고서 제출

해외부동산을 처분(변경)한 경우에는 처분 후 3개월 내에 지정거래 외국환은행에 해외부동산처분(변경)보고서를 제출해야 한다.

세무 절차

1) 양도소득세 예정·확정 신고

해외부동산을 양도한 경우에는 국내부동산 양도와 같이 양도일이 속하는 달의 말일부터 2개월 내에 관할세무서에 양도소득세 예정신고를 해야 한다. 만일 같은 연도에 해외부동산 등을 여러 건 양도한 경우에는 각 물건별로 예정신고를 하고, 다음 해 5월에 부동산 전체에 대한 양도세를 확정 신고·납부해야 한다.

해외부동산 양도세는 국내부동산 양도와 같이 원칙적으로 실지거래가액으로 과세된다. 따라서 실지거래가액을 입증할 수 있는 서류를 신고서와 함께 제출해야 한다. 참고로 신고 첨부 서류는 아래와 같다.

① 당해 자산의 양수·양도와 관련한 매매 계약서 사본
② 자본적 지출액, 양도비용 입증 증빙, 감가상각비 명세서
③ 외국과세당국에 신고한 양도세 신고서 사본(외국납부세액 계산 증빙)
④ 해외부동산 토지 대장 및 건축물대장, 토지 또는 건물 등기부 등본

국내부동산 양도와의 차이점

거주자의 해외부동산 양도세 계산구조는 국내자산 양도에 따른 양도세 계산구조와 유사하지만 몇 가지 중요한 차이가 있으므로 주의해야 한다.

① 거주나 보유와 관련 없이 1세대 1주택 비과세가 적용되지 않는다.

② 장특공제가 적용되지 않는다.

③ 다주택자 중과세율이 적용되지 않고 보유기간에 관계없이 기본세율이 적용된다.

④ 국외자산과 국내자산의 양도소득은 합산하지 않으므로, 해외자산 양도차손·차익은 국내자산 양도소득금액과 통산할 수 없다.

⑤ 해외부동산 소재지국 세법에 따라 현지 국가에서 부동산 양도와 관련된 세금을 신고·납부한 경우, 외국에서 납부한 세액은 외국납부세액공제를 받거나 필요경비에 산입하는 방법으로 공제받을 수 있다.

2) 해외부동산처분(변경)보고서 제출

해외부동산을 처분한 경우 양도세 예정·확정 신고와는 별개로 해외부동산 취득·투자운용(임대) 및 처분명세서를 다음 해 6월 말까지 주소지관할세무서에 제출해야 한다.

해외부동산 관련
과태료

거주자가 개별 취득가액 또는 처분가액이 2억 원을 초과하는 해외부동산을 취득·보유·처분하였으나, 정당한 사유 없이 신고기한까지 해외부동산 취득·보유·투자운용(임대) 및 처분명세서를 제출하지 않거나 거짓으로 제출한 경우 해외부동산 물건별로 취득·운용·처분가액의 각각 10%를 과태료로 부과한다.

세稅플레이션 살아남기

1판 1쇄 인쇄 2022년 12월 1일
1판 1쇄 발행 2022년 12월 9일

지은이 문권주·이상우
발행인 김형준

편집 구진모
마케팅 김수정
디자인 최치영

발행처 체인지업북스
출판등록 2021년 1월 5일 제2021-000003호
주소 경기도 고양시 덕양구 삼송로 12, 805호
전화 02-6956-8977
팩스 02-6499-8977
이메일 change-up20@naver.com
홈페이지 www.changeuplibro.com

ISBN 979-11-91378-26-9 (13320)

체인지업북스는 내 삶을 변화시키는 책을 펴냅니다.